DJ鉄ぶらブックス 020

廃線駅舎を歩く
～あの日見た駅の名は～

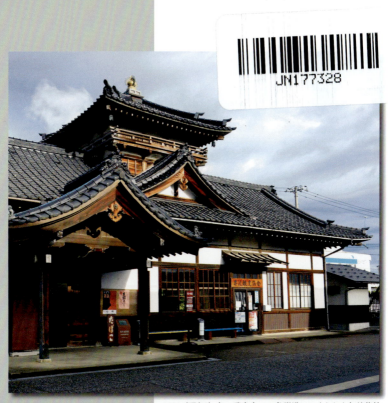

1934（昭和9）年、瑞泉寺への参詣道につくられた加越能鉄道加越線の旧井波駅舎（現・井波町物産展示館）　2016.12.5

prologue

　廃線跡に駅舎が残っている風景をたくさん見た。あるものは荒野に朽ち果て、あるものはサイクリングロードの休憩所になっていた。
　考えてみれば鉄道駅舎とは、多数の乗降客を出入りさせ、荷をさばくことを目的とした建物だ。このため廃線後に再利用するにも無駄が多く、無用に広かったり老朽化していたりする。
　つまり宿命的に転用が利かないのだ。
　ふつうは廃線になれば駅舎は取り壊され更地にされる。それでも残るのは放置されたか、何らかの事情がある場合がほとんどだ。まさ

山形交通高畠線高畠駅跡　2015.11.4

に、そのへんが興味深い。

　本書は、2007（平成19）年から約10年間廃線跡に残る駅舎を訪ね歩いた記録である。かつては地域の玄関だった駅舎が、1つのことしかできない不器用な男のように存在しつづけている。その理由と生き様が、写真のどこ

かに見えるかもしれない。

　おりしも留萌本線の末端が廃止となりあの増毛駅も廃線駅舎になった。そして三江線廃止予定の報にも接した。鉄道があった証として、廃線駅舎がリスペクトされることを願いながら見守っていきたいと思う。（杉﨑行恭）

廃線駅舎を歩く
～あの日見た駅の名は～

CONTENTS

[プロローグ] ……………………………………………………… 2

北海道・東北エリア ── 6
- ＪＲ北海道標津線　奥行臼駅跡 ……………………………… 8
- 国鉄士幌線　士幌駅跡 ………………………………………… 12
- 夕張鉄道夕張鉄道線　新二岐駅跡 …………………………… 16
- 国鉄札沼線　和駅跡 …………………………………………… 20
- 定山渓鉄道定山渓鉄道線　石切山駅跡 ……………………… 24
- ＪＲ北海道室蘭本線　室蘭駅旧駅舎 ………………………… 28
- コラム　極寒の廃線跡に起きた木造駅舎のルネサンス …… 32
- 小坂製錬小坂線　茂内駅跡 …………………………………… 34
- 山形交通高畠線　高畠駅跡 …………………………………… 38
- 福島交通掛田線　掛田駅跡 …………………………………… 42
- 国鉄日中線　熱塩駅跡 ………………………………………… 46
- コラム　ＢＲＴ路線に残った被災地路線の駅舎 …………… 50

関東・甲信越エリア ── 52
- 国鉄赤谷線　赤谷駅跡 ………………………………………… 54
- 新潟交通電車線　月潟駅跡 …………………………………… 58
- 蒲原鉄道蒲原鉄道線　七谷駅跡 ……………………………… 62
- 筑波鉄道筑波線　筑波駅跡 …………………………………… 66
- 鹿島鉄道鹿島鉄道線　石岡南台駅跡 ………………………… 70
- 草軽電気鉄道草軽電気鉄道線　北軽井沢駅跡 ……………… 74
- コラム　街の片隅に残った奇跡の軽便鉄道本社屋 ………… 78

中部・北陸エリア ─────────── 80

| 加越能鉄道加越線　井波駅跡 ─────────── 82
| 名古屋鉄道美濃町線　美濃駅跡 ─────────── 86
| 名古屋鉄道揖斐線　黒野駅跡 ─────────── 90
| 名古屋鉄道モンキーパークモノレール線　動物園駅跡 ─── 94
| 名古屋鉄道三河線　三河広瀬駅跡 ─────────── 98
| コラム　旧中山道に沿った貨物線駅舎と巨大古墳 ──── 102

近畿・中国・山陰エリア ─────────── 104

| 官設鉄道北陸線・東海道線　旧長浜駅跡 ───────── 106
| 江若鉄道江若鉄道線　近江今津駅跡 ─────────── 110
| 有田鉄道有田鉄道線　金屋口駅跡 ───────────── 114
| 姫路市交通局モノレール線　手柄山駅跡 ─────────── 118
| 同和鉱業片上鉄道線　吉ヶ原駅跡 ───────────── 122
| 井笠鉄道本線　新山駅跡 ──────────────── 126
| 船木鉄道船木鉄道線　船木町駅跡 ───────────── 130
| ＪＲ西日本大社線　大社駅跡 ────────────── 134
| コラム　ちょっと前の大規模廃線。新開業と残存駅舎の行方 ─ 138

四国・九州エリア ─────────── 140

| 屋島登山鉄道屋島ケーブル　屋島山上駅跡 ───────── 142
| 住友金属鉱山下部鉄道線　星越駅跡 ─────────── 146
| 国鉄宮之城線　樋脇駅跡 ──────────────── 150
| 国鉄大隅線　古江駅跡 ───────────────── 154

さくいん地図 ─────────────────── 158

むかしの
えき

北海道・東北
エリア

ＪＲ北海道標津線　奥行臼駅跡	8
国鉄士幌線　士幌駅跡	12
夕張鉄道夕張鉄道線　新二岐駅跡	16
国鉄札沼線　和駅跡	20
定山渓鉄道定山渓鉄道線　石切山駅跡	24
ＪＲ北海道室蘭本線　室蘭駅旧駅舎	28
小坂製錬小坂線　茂内駅跡	34
山形交通高畠線　高畠駅跡	38
福島交通掛田線　掛田駅跡	42
国鉄日中線　熱塩駅跡	46

コラム

極寒の廃線跡に起きた木造駅舎のルネサンス	32
ＢＲＴ路線に残った被災地路線の駅舎	50

北海道

JR北海道
標津線
奥行臼駅跡

枯れた姿で大地に建つ
開拓時代の夢

木製電柱がとても大きく見えるほど小さなホーム、
駅舎の奥には石炭倉庫も残る 2016.9.15

『大時刻表1976年10月号』弘済出版社

1 隣駅の別海までは12.3キロもあった　**2** 寒冷地仕様の駅舎。右手に便所も併設　**3** 春別駅跡から移設した職員風呂
4 近隣の文化財整備のため駅舎内部は当面非公開

最小クラスの国鉄有人駅

　地平線まで続くような国道44号を東へ走り、厚床駅付近で243号パイロット国道を北上する。日が傾きかけた頃に奥行臼駅跡に到着した。付近は民家が散在する"集落"ともいえないような、それでもひさしぶりに現れた民家にホッとするような場所だ。そんな市街とも原野ともつかぬような空間に、古びた駅舎と構内が保存されていた。

　旧奥行臼駅舎は、大正時代に制定された『小停車場本屋標準図』に準じたような、おそらく国鉄有人駅舎の最小クラスといってもいいだろう。根釧原野の風雪を浴びた駅舎の木材は灰褐色に風化し、補修された壁面だけが本来の木の色を残している。奇妙なのは駅舎の一角が便所になっていることだ。昭和初期までに造られた木造駅舎は、衛生上便所と駅本屋とは離れたところに設けられるのがふつうだった。駅舎と便所が合体するのは昭和30年代にコンクリート駅舎が普及してからだ。旧奥行臼駅舎の便所で用を足しながらそんなことを考えた。

　この場所は別海と野付半島方面への街道の分岐点で、明治時代には駅逓所*も設けられた要衝だった。広大な森林から薪炭を作る定住者によって拓かれた所だったという。やがて1933（昭和8）年に標津線が開通すると酪農が盛んになり、1963（昭和38）年には奥行臼〜上風連間の別海村営軌道も開通した。

別海町の有形文化財になっている駅構内。線路を一部再敷設して原型に近づけ、奥に貨物ホームも見える　2016.9.15
（5点とも）

　東海道新幹線開業の前年に、北海道ではこんな野趣溢れる簡易軌道も開業していたのだ。多彩な路線が全国に張りめぐらされた時代。たぶん、日本の鉄道路線のピークとはこのころではなかっただろうか。そう思うとレイルファンの先輩たちが羨ましく感じる。

　1971（昭和46）年に廃止された村営軌道の停留所と車両が、奥行臼駅から100mほど離れたところに保存されている。別海町では奥行臼駅舎を含めた一帯を史跡公園とする計画も進めている。

　さて、奥行臼駅舎の裏には線路と簡素なホームも残されている。このような土盛りホームは、たいていは簡単に崩されてしまうため、往時を偲ばせる貴重な存在だ。さらには保線倉庫や春別（しゅんべつ）駅跡から移築した職員風呂の小屋もあって、まるで映画のセットのような鉄道停車場の小宇宙を造っていた。

＊駅逓所＝明治から昭和初期までの北海道で、宿泊・人馬継立・郵便などの業務を担った施設

DATA
- 1933（昭和8）年12月1日開業
- 1987（昭和62）年4月1日北海道旅客鉄道に承継
- 1989（平成元）年4月30日廃止
- 1990（平成2）年2月駅舎、詰所、ホームを別海町の有形文化財に指定

アクセス
北海道野付郡別海町奥行
根室本線厚床駅から車で15分

国鉄士幌線
士幌駅跡

馬鈴薯を運んだ
大平原の駅舎

ワム（有蓋車）と駅舎
の取り合わせがよく似
合う士幌駅の風景。本
線側のホームはかなり
長い　2016.9.15

『大時刻表1976年10月号』弘済出版社 ▶

1 駅東側は広い芝生の公園になっている **2** 国鉄スタイルの駅名看板も残る **3** ホーム上の信号テコ **4** 車掌車と2両のワムが保存されていた

グリーンターフの廃止駅

　十勝平野を南北に貫いていた広尾線と士幌線は、北の大地が産み出す農産物と材木を運んだ鉄道だった。沿線最大の街だった士幌町の玄関口、士幌駅は市街地の南端にあった。

　今回、ひさしぶりに旧士幌駅に行ったのだが、探し出すのに時間がかかった。

　おそらく、現役時代ならば町の玄関として遇され、吸い込まれるように辿り着けただろう。いまでは農業倉庫とＪＡ工場の間に駅舎を含む「士幌交通公園」があり、ごく普通の一本道が駅のところで行き止まりになっているに過ぎない。

　もとより人口密度の希薄な北海道の地方には人は歩いておらず、おいそれと道を聞けない。そんなオーラを失った士幌駅はシラカバの並木に囲まれ、さらにゴルフ場のような芝生に囲まれていた。訪ねたのは秋の日の朝、朝日のなかに建つ木造平屋の駅舎はきれいに補修されていた。切妻屋根に玄関をつけた標準設計スタイルの駅舎は洒落っ気も飾りもなく、大正時代から実直に役割を果たしてきたのだろう。

　玄関に掲げられた駅名看板は紺色に白文字の国鉄スタイルで、裏手には2両の貨車と1両の緩急車がホームに保存されている。駅頭の看板によると1970（昭和45）年には年間8万3000 t もの貨物取扱量があったという。1955（昭和30）年に東洋一の澱粉工場が士幌

「士幌交通公園」になっている駅舎と構内の内部は通常は公開されていない。士幌町の中心街から2kmほど離れている　2016.9.15（5点とも）

に完成し、以来馬鈴薯の町として貨物輸送は活況を呈したという。士幌駅に展示するのは、やはり貨車がふさわしいのだ。しかし、1982（昭和57）年に貨物取扱いが廃止されると、加工工場まで延びていた専用線が撤去され活気を失った。

この士幌線は大正時代に上士幌まで完成したが、その先の山岳区間（音更線といった）の建設は戦時中になり、終着十勝三股駅までの開業は1944（昭和19）年になった。戦中戦後に大量の木材と馬鈴薯を運んだ士幌線はまさに日本を支えてきたのだ。北海道経済が黒字の時代にできた鉄道だったが、経済の衰退とともに姿を消したというべきか。

駅舎内部は通常は公開されていないが、看板や駅の備品などは保存されている模様だ。

士幌線の廃線跡には、季節によって糠平湖の湖面から姿を現すことで有名な、あのタウシュベツ川橋梁をはじめとするコンクリートアーチ橋群が残されているが、駅舎として現存するのはこの士幌駅だけになっている。

DATA
■1925(大正14)年12月10日開業
■1982(昭和57)年11月16日貨物扱い廃止
■1987(昭和62)年3月23日廃止

アクセス
北海道河東郡士幌町字士幌西2線157付近
根室本線帯広駅から車で約35分

北海道

夕張鉄道
夕張鉄道線
新二岐駅跡

原野のモダン駅舎に夕張の記憶と繁栄を思う

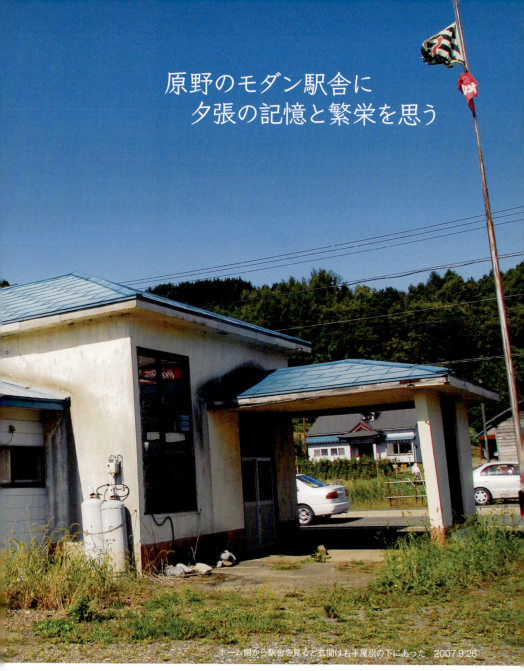

ホーム側から駅舎を見ると玄関は右手屋根の下にあった　2007.9.26

『大時刻表1964年10月号』弘済出版社 ▶

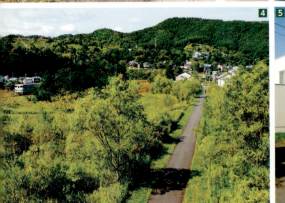

1️⃣道道3号に面した駅舎 2️⃣マンサードと丸窓の中央部 3️⃣玄関の造形も楽しい 4️⃣夕張市内の廃線跡。左手にはJR夕張線の列車も見える 5️⃣現存する継立駅舎

石炭輸送華やかなころの私鉄駅舎

　1975（昭和50）年に廃止された夕張鉄道は大産炭地夕張から石炭を積み出すための鉄道として北海道を支えてきた重要路線だった。まさに石炭のための路線だっただけに、炭鉱の終焉が鉄道の終わりでもあった。そんな廃線跡に残されたのが新二岐（しんふたまた）駅舎だ。

　場所は石狩平野と夕張山地が接する山間の地で、夕張行きの列車はこれから錦沢の山越えが始まるところだった。いまは馬鈴薯畑が続く栗山町の北海道道3号、新二岐駅舎はその道路のかたわらに建っていた。

　最初に見た時はちょっと気の利いた、地域の集会所のような佇まいだった。つまり鉄道駅舎の匂いは薄く、単に公共建築らしい胸を張った感じの建物というべきか。1954（昭和29）年に改築されたこの駅舎はマンサード屋根を中心に、左右に棟を張り出したシンメトリカルな建物。明かりとりの縦窓や円形の飾り窓に戦後スタイルのユートピア的な造形が感じられた。これは北海道の公共建築にあったモダニズム建築の流れだろう。

　いまとなっては駅舎の周囲に鉄道の痕跡は感じられないが、かつては角田炭礦（こう）事務所前まで4.7kmの専用線も分かれており、この区間だけは電化され職員輸送のため路面電車がローカル風景のなかを往き来していたという。

　それにしても夕張炭鉱は、すでに国鉄夕張

ホームは駅舎の夕張側にあって角田炭礦専用線も分岐していた。夕張炭鉱最盛期にコストをかけて建設されたモダニズム駅舎だ　2007.9.26（6点とも）

線〜石勝線といった搬出路があったにもかかわらず、山越えの夕張鉄道を建設したのは隣の継立駅（こちらも駅舎が残る）近郊で採取される、坑内充填用の火山灰を運ぶためだったとも伝えられている。石炭を掘るためには、空いた空間を埋めるモノも必要だったのだ。

夕張鉄道廃線後、新二岐駅舎は炭鉱跡で露天掘りを行なう会社の事務所として使われ、後年は知的障がい者の作業所として利用された。鉄道廃止時でも建てられてから20年ほどで、壊すほど傷んでいなかったのだろう。

このような戦後の建物は文化財として評価されにくいが、石炭輸送華やかなころの私鉄駅舎としては貴重だと思う。

DATA
- 1926(大正15)年10月14日開業
- 1954(昭和29)年駅舎改築
- 1971(昭和46)年11月15日旅客営業廃止
- 1975(昭和50)年4月1日廃止

アクセス
北海道夕張郡栗山町日出新二岐バス停付近
石勝線夕張駅から車で15分

国鉄札沼線 **和駅跡**

かつては
札沼線要衝駅の
1つだった

駅舎本屋跡は横長の平屋部分だけで。背後は増築された縫製工場の跡　2016.9.17

『大時刻表1964年10月号』弘済出版社▶

1 ホーム側から見たところ。右の平屋部分が駅舎だった　2 駅舎の扉は埋められている　3 改修された駅舎の玄関
4 近隣には国鉄官舎の跡も残る

本線どうしを結んだ路線から盲腸線へ

　いまでは1日1往復という、何とも淋しいダイヤになった札沼線の浦臼〜新十津川間。都市近郊電車が走る札幌〜北海道医療大学間に較べ、同じ札沼線でも雲泥の差がある。その札沼線は、かつては新十津川駅から先の石狩沼田駅まで線路が延びていた。

　1935（昭和10）年、札沼線は石狩川西岸を北上して留萠本線の石狩沼田駅に接続する全長111.4キロの路線として全通した。しかし札幌冬季オリンピックが開催された1972（昭和47）年に、ひっそりと新十津川〜石狩沼田間が廃止されてしまった。その記憶は札幌と石狩沼田を結んだ「札沼線」という路線名に残るだけである。

　すでに廃止後45年、廃止区間にあった旧和駅が残っているという情報を得て北海道雨竜郡北竜町を訪ねた。道内の稲作の45％を占めるという空知平野を車で走る。海のように広がる水田の先にサイロや精米施設など、一群の農業施設が見えてきた。ここが北竜町の中心で和駅のあった町だ。「駅跡は農業倉庫を探せ」という廃線歩きの掟を思い出した。

　はたして「北竜町もち米団地」というレンガ倉庫の先に旧和駅舎があった。駅舎は切妻屋根の細長い建物で、背後に大ぶりな体育館のような建物が増築されている。わずかに駅前に茂る樹木と正面から延びる道路に鉄道停

駅前通りから見た旧和駅。比較的大柄な駅舎だった。現役時代は札沼線北部の中核駅として農産物輸送で賑わった駅だ　2016.9.17（5点とも）

車場の面影を残すのみだ。

　旧版地形図を広げていたら「ここが駅です、後ろは少し前までは縫製工場で自衛隊の制服を作っていました」と駅前に住む女性が教えてくれた。「昔は列車の行き違いもありました。職員も大勢いました」と女性は続ける。周囲には半ば廃屋と化した鉄道官舎跡があり、少し離れた北竜町郷土資料館には「石狩沼田保線支区　和検査班」の看板が保存されていた。

　ところで、「和」という地名は明治時代にこの地を開拓した結社「培本社（ばいほんしゃ）」を立ち上げた吉野庄一郎の出身地が、旧千葉県印旛郡埜（や）原（わら）だったからとも伝わるが定かではない。

　時は過ぎ、縫製工場も撤退して空き家になって数年経つ駅舎だが、所有者の北竜町に聞くと「このまま借り手がなければ取り壊されるでしょう」という。2016（平成28）年11月18日付で「ＪＲ北海道単独では維持することが困難な線区」に選定された北海道医療大学～新十津川間47.6キロとともに、旧和駅舎にも存亡の危機が訪れていた。

DATA

- 1931（昭和6）年10月10日開業
- 1944（昭和19）年7月21日戦時不要不急区間に指定され休止
- 1956（昭和31）年11月16日復活
- 1972（昭和47）年6月19日札沼線新十津川～石狩沼田間廃止に伴い廃駅

アクセス

北海道雨竜郡北竜町和200-12付近
函館本線深川駅から車で30分

北海道

定山渓鉄道
定山渓鉄道線 **石切山駅跡**

周囲には
石切場の跡も点在

札幌郊外の街道に沿って建つ石切山旧駅舎　2016.9.20

『大時刻表1964年10月号』弘済出版社 ▶

1 駅舎の背後に石切場が見える **2** 煙突にも石材が使われた **3** 内部に入ると柱は暖房の煙突兼用だったことがわかる
4 石切場跡の石山緑地は公園になった

定山渓鉄道唯一の残存駅舎

　廃止された地方私鉄の駅舎で、しかも都市部に現存するものはほとんどない。

　そんな稀な存在なのが北海道札幌市南区にある定山渓鉄道石切山駅跡だ。「石切山」の駅名からもわかるとおり周辺からは明治以来、建築材の札幌軟石が切り出されたところで、1918（大正7）年に定山渓鉄道が開業すると、この駅から盛んに石材が出荷されたという。ちなみにそれ以前は馬車鉄道が連絡していて、軌道跡には「石山通り」の名が残っている。

　大都市札幌のベッドタウンとして宅地開発が進んだ石山地区は、市街地を貫通する石山通りに沿って量販店が並ぶ典型的な郊外風景

だ。しかしそこから平岸通りに入ると、昔ながらの建物が見られる町並みになってくる。

　その平岸通りに面した旧定山渓鉄道石切山駅舎は1949（昭和24）年に改築された木造平屋で、礎石にはしっかり札幌軟石が使われていた。赤い切妻屋根の駅舎は石山振興会館になっていて、管理人に声をかけて内部を見せてもらった。

「廃止後に改装しまして、最近天井を外したら昔の格天井が出てきました」という。

　高い天井の部屋には暖房用の煙突が立ち上がっていた。壁には子ども会の予定表も貼られている。定山渓鉄道唯一の残存駅舎は地域の会館として活用されているようだ。

　駅舎の裏側（北側）がホームのあった廃線

「石山振興会館」になっている石切山駅舎。土台にも札幌軟石を使用。平日の10〜17時は事務所に申し出れば見学可能だ

跡で「材木用と石材用の２つの引込線がありました」と教えてくれた。その後、1960年代の資料を調べると、駅舎北側の公園になっているところが豊平川河川敷になっていて貨物側線が延びていた。この石切山駅はちょうど豊平川が石狩平野に流れ出す位置にあり、石だけではなく材木も含めた物流の中継場所になっていたことがうかがえる。

この駅を訪ねたら近くの石山緑地公園も見ていきたい。住宅街にそそり立つ札幌軟石の岩肌が迫り、迷路のような空間に理屈を超えた感動を覚えた。札幌を作ったこの石切場は、現在モダンアートの展示スペースとして整備されている。

会館内では訪問記念入場券を180円で発行
2016.9.20
（6点とも）

DATA
■1918(大正7)年10月18日開業
■1949(昭和24)年新駅舎竣工
■1969(昭和44)年11月1日廃止

アクセス
北海道札幌市南区石山1条3-1-30
札幌市交通局南北線真駒内駅から車で10分

北海道

JR北海道
室蘭本線 **室蘭駅旧駅舎**

北の港湾都市の玄関は
重責を担った風格ある構え

室蘭のシンボルとして保存されている旧駅舎。市の観光協会も入居　2015.12.28

『大時刻表1976年10月号』弘済出版社

1 格天井が見事な旧待合室　2 天井には龍の絵も残る　3 現存する北海道最古の駅舎の風格　4 屋根のドーマー窓

線路から置き去りにされた3代目

　なにか古武士の風貌を思わせる室蘭駅旧駅舎は1912（大正元）年に3代目駅舎として建設され、以来85年間終着駅の役割を果たしてきた。ところが1997（平成9）年に1.1kmほど東側に室蘭本線が短縮され、室蘭駅（4代目）もそちらに移転してしまう。もとより室蘭駅は明治の開業以来移転を繰り返しており、その歴史のなかでこの3代目駅舎だけが線路から置き去りにされてしまったのだ。

　私はこの駅舎が北海道の駅（現役も含めて）のなかでもっとも北の大地にふさわしいと思う。あらためて建物を観察すれば、黒々と寄棟の大屋根をめぐらせ、四方に望楼のような窓を配し、軒下に紋飾りをならべて威厳を放っている。玄関車寄せの天井にはランプを下げていた漆喰の飾りが残り、寺の本堂のような待合室の格天井には龍と鳳凰も描かれていた。そんな武骨さと風格をあわせ持つ室蘭駅旧駅舎の構えは、アイヌの人の大首長を見る思いだ。

　古い写真を見ると駅舎の右手にも平屋の乗降場上屋があり、後ろには大規模な貨物ヤードもあった。かつて夕張方面から出荷されてきた石炭は小樽港が国内向け、室蘭港は輸出向けに振り分けられていた。最盛期の1957（昭和32）年当時、室蘭駅の職員は420人もいたという。1985（昭和60）年まではこの先に石炭専用桟橋の西室蘭貨物駅もあり、1編成

内部は観光案内所と室蘭駅展示コーナーがある。夏季は8〜19時、冬季は8〜17時開館　2015.12.28（5点とも）

　2800ｔの石炭を運ぶ60両編成の列車が発着した。この列車は約500mとあまりに長く途中で列車交換ができないため、炭鉱から室蘭までは対向列車を待たせてノンストップで走ったという。室蘭駅はそんな列車を待ち受けながら石炭最盛期を働き通したのだ。
　長年親しまれてきたこの駅舎は現在、室蘭市の観光案内所として保存されている。
　夕刻になってカメラを取り出したら、観光案内所の職員が出てきてライトアップのスイッチを入れてくれた。夜空に浮かび上がった室蘭旧駅舎は、いちだんと素晴らしかった。

ＪＲ化して間もない頃の室蘭駅。風格ある終着駅だった

DATA

■1892（明治25）年8月1日開業。北海道炭礦鉄道室蘭線室蘭駅開業
■1897（明治30）年10月1日2代目室蘭駅が開業
■1912（明治45）年3代目駅舎開業
■1997（平成9）年10月1日4代目現駅舎開業。3代目駅舎は室蘭市に譲渡

アクセス

北海道室蘭市海岸町1−5−1「室蘭観光協会」
室蘭本線室蘭駅から徒歩7分

column

極寒の廃線跡に起きた木造駅舎のルネサンス

深名線の駅舎復活

　次々に消えてゆく地方交通線のなかで特例のように残されていた深名線は、深川〜名寄全長121.8キロの長大ローカル線だった。やがて周辺道路が整備されたとして、1995（平成7）年に廃止された。

　深名線はそのスケールの大きな景観とマイナス41.2℃（1978《昭和53》年2月、母子里）を記録した酷寒の地を走る一種特別な鉄道だった。かつて北海道を旅する者たちの間で「君は深名線に乗ったか？」と言い交わされる存在でもあった。

　廃止前年の2月の夕刻、北母子里駅から名寄行きの949Dに乗った。車窓から見た北母子里〜天塩弥生の峠は恐ろしいまでの雪原だった。それをモノともせず走る国鉄生き残りのキハに限りない頼もしさを覚えた。この深名線も廃止から22年を経て、いまは森やクマザサのなかに痕跡を残すのみとなっている。

　2016（平成28）年、あのとき一瞬闇の車窓に現れた天塩弥生駅が復活したと聞いて再び訪ねた。

　建物はかつての駅跡に、「天塩弥生駅」の看板を掲げる木造駅舎スタイルで新築されていた。ここは富岡達彦さんという元京王電鉄勤務の鉄道好きが経営する旅人宿兼食堂で、男女別相部屋のドミトリーとなっている。訪れるのはレイルファンばかりではなく、先客は「地元の法事で集まった」というグループだった。

　建物は旧天塩弥生駅を復元したものではないが、構内に「ハエタタキ」と呼ばれた信号電柱も建て、名寄盆地の片隅に居心地のいい停車場の小宇宙ができつつあった。

　もうひとつの深名線のトピックが幌加内町にある沼牛駅の補修復元だ。この駅舎は廃線後、地元のソバ農家の主人が単独で守り続けていたものだった。その想いを受け継いだ地元の「おかえり沼牛駅実行委員会」のグループが木造駅舎保存のためのクラウドファンディングを敢行して改修資金を集め、2016（平成28）年11月に当面の修理を終えて話題になった。

　その修復中に立ち寄った時（9月）は駅の周囲に素晴らしいソバ畑が広がり、2度とないだろうと思っていた深名線駅舎が息を吹き返す現場を目の当たりにした。聞くと「天塩弥生駅も手がけました」というクラフト工房の大工さんで、このような木造駅舎は「市街地では許可が下りない木造外壁の建物」なのだそうだ。その後11月に催されたお披露目会は大盛況に終わったという。

　深名線跡には添牛内・政和・鷹泊の3駅舎が放置状態で現存している。沼牛駅舎の復活は、これらが廃屋ではなく文化財として注目される、おおきなきっかけになると思った。

1 厳冬期には-25℃を下回る地を走った深名線　1993　北母子里駅付近　**2** 駅の場所に新築された駅舎スタイルの旅人宿「天塩弥生駅」　**3** 鉄道趣味が満喫できる食堂もオープン。宿泊は男女別相部屋制１泊２食付き5500円　**4** 北海道の地方交通線駅舎にこだわった造りで駅構内も整備中　**5** ソバ畑に囲まれた沼牛駅。着々と修復工事が進行中　**6** 修復中の沼牛駅。有志がクラウドファンディングで費用を集め、解体された上利別駅（ちほく高原鉄道）の部材も活用された。工事は2016（平成28）年11月に完成　**7** 添牛内駅は荒野に残る　**8** 以前は食堂だった政和駅　**9** 鷹泊駅舎も残る

秋田県

小坂製錬
小坂線
茂内駅跡

看板建築の駅舎と
信号システムの小宇宙

鉱山鉄道の中間駅だった茂内駅。
一時は旅客も扱った駅舎は個性的だ　2009.12.2

『大時刻表1976年10月号』弘済出版社▶

❶正面が裏側のような駅舎　❷腕木式信号機とケーブル　❸信号テコも整備されている　❹ホームは片側と島式の3面だ

ホーム側に駅名を掲げた「看板建築」

　秋田県の大館と小坂鉱山を結んでいた小坂製錬小坂線（通称・小坂鉄道）は、一時は旅客列車も運転していたみちのくの鉱山鉄道だった。その約23キロの路線のなかで、唯一列車交換設備を持っていたのがこの茂内駅だ。

　一般に鉄道が廃止されると軌道や駅は撤去されるが、小坂鉄道では廃止後も線路や駅施設が残された。これにより小坂駅は「小坂鉄道レールパーク」として観光地化されたが、茂内駅も手つかずのまま残されていた。

　ある晩秋の日、残存する小坂鉄道のレールを辿って歩いているうちにこの茂内駅に辿り着いた。生い茂るススキの先に何本もの腕木式場内信号機が建ち、いましもガチャンと動きそうな雰囲気を残している。広々とした駅構内には何本も側線が設けられ、ここが単なる中間駅でないことは一目瞭然だった。

　米代川の支流、長木川に沿った小集落にある茂内駅には、このような腕木式信号機から信号テコ（＝ポイント切替えレバー）に連動するワイヤも巡らされていた。ホームやポイントもそのままに、かつて鉱石や濃硫酸を運ぶ列車を扱っていた信号システムが機械的にリンクしている状態を見られるのは貴重だ。

　小坂鉄道の歴史のなかで茂内駅は信号場としての役割が長かったが、1951（昭和26）年までは3.8キロの長木沢線も分岐していた。

列車交換と小坂方面の勾配区間用補機の付替えなどで構内作業が多かった。今後は観光活用にも期待したい鉄道遺産だ　2009.12.2（5点とも）

駅舎は四角いモダンな建物で、あたかも列車に見せるようにホーム側に駅名を掲げた「看板建築」になっている。そして道路側には小さな出入口があるだけだ。つまり、この鉄道のいちばんのお客様は鉱石で、旅客はついでのことだったのだろう。そんな理由から、勝手口から駅に入るような構えが面白い。

小坂鉄道はこの茂内駅から小坂までが最大の難所で、重量貨物を牽引する時はディーゼル機関車の重連運転が見られた。この駅は峠越えを控えた機関区の役割もあったのだ。

秋田県はこの小坂鉄道を「地域資源」に認定して評価している。駅舎はもとより、構内がこのまま保存されることを期待したい。

篭谷～古館間の勾配を下っていくキハ2100　1990頃

DATA

- 1908（明治41）年9月15日小坂鉱山専用鉄道線の信号場として開設
- 1909（明治42）年小坂鉄道の旅客駅として営業開始
- 1994（平成6）年10月1日旅客営業廃止
- 2008（平成20）年4月1日鉄道営業休止
- 2009（平成21）年4月1廃止

アクセス

秋田県大館市雪沢字茂内屋布108付近
花輪線十和田南駅から東北自動道経由、車で25分

山形県

山形交通
高畠線
高畠駅跡

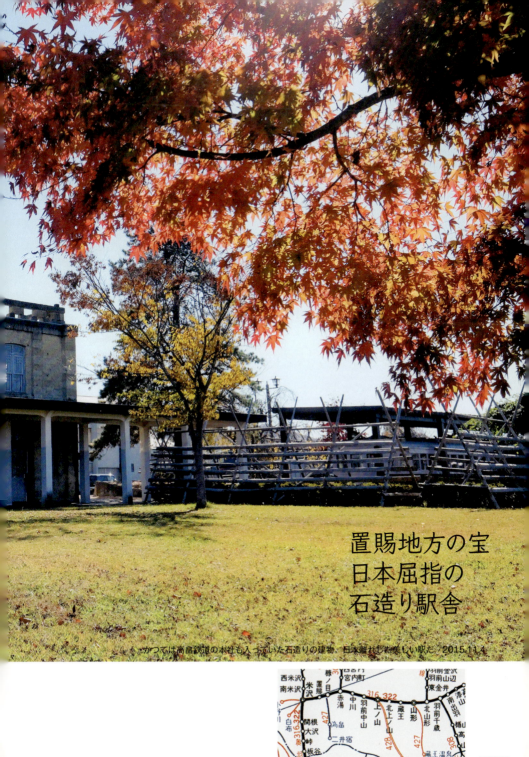

置賜地方の宝
日本屈指の
石造り駅舎

かつては高畠鉄道の本社も入っていた石造りの建物。日本離れした美しい駅だ。2015.11.4

『大時刻表1964年10月号』弘済出版社

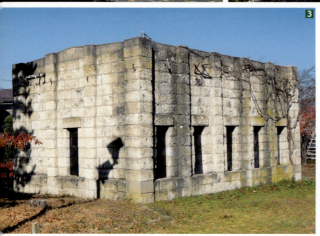

1 洋館風の縦窓には石壁が似合う **2** 構内にはモハ1とワム201とED1が静態保存 **3** 旧変電所も高畠石で造られた建物 **4** イベント時には内部も公開される

浮世離れした
石造り駅舎の最高傑作

　美瑛駅（JR北海道富良野線）や南宇都宮駅（東武鉄道宇都宮線）など石造りの駅舎はいずれも近隣に石の産地があり、PRも兼ねて駅舎の建材に利用されることが多かった。そうした場合でも木造構造に補完的に石が利用される場合がほとんどで、完全な石造りの建物は日本には存在しなかった。そんななか、山形県のブドウの産地として知られる高畠町で石造り駅舎の最高傑作を見た。

　ある秋の日にこの旧駅舎を訪ねたとき、斜光線になった夕日を浴びて黄金色に染まった建物は日本離れした美しさだった。

　基本的には2階建てのビルディングだが屋上外周に鋸壁のような欄干を配し、玄関には重厚な車寄せを設け、高畠石を荒々しく積み上げた壁を見るとヨーロッパの城塞のようなたたずまいさえ感じさせる。

　この駅舎が建設されたのは1934（昭和9）年のこと、設計者に長島多吉の名前が残っている。ちなみにこの人は初代高畠駅長で鉄道技師でもあったという。

　ともあれ、明治時代に奥羽本線がこの東置賜郡の中心地だった高畠市街を離れて通ったため、高畠鉄道が設立されて糠ノ目駅（現・奥羽本線高畠駅）と連絡したのだ。いまでこそ静かな地方都市にある旧高畠駅舎だが、昭和初期は製糸工場が集まる産業盛んな土地で、

いまも山形交通バスの発着場になっている旧高畠駅舎。左手が駅の玄関で重厚な石壁に丸型郵便ポストがよく似合う

1929(昭和4)年には電化も果たしていた。

　現在は駅舎を中心に公園化され、かつての駅構内にはED1、ワム201、モハ1といった車両も保存されている。また旧変電所や駅前の自動車車庫なども高畠石の建物で、ホームなど各所に高畠石が使われていた(いずれも登録有形文化財)。さらに駅から延びる線路跡は「まほろば緑道」という桜並木の遊歩道になっている。

　残念ながら駅舎内は公開されていないが、車で10分ほどのところにある高畠駅の石を切り出した場所が「瓜割石庭公園」となっていて、駅舎と同じ石材が神殿のように掘り抜かれている。こちらも必見のポイントだ。

石切場跡にできた瓜割石庭公園。大谷石に似た火山性凝灰岩が採れた
2015.11.4
(6点とも)

DATA
- 1922(大正11)年 3月16日高畠鉄道開業
- 1934(昭和9)年高畠駅舎改築(現建物)
- 1943(昭和18)年山形交通高畠線となる
- 1974(昭和49)年11月18日廃止

アクセス
山形県東置賜郡高畠町高畠1568
奥羽本線高畠駅から車で15分

福島交通
掛田線
掛田駅跡

いまもバスの駅として健在
老朽駅舎のうれしい風景

堂々とした鉄道駅の構えを持つ存在感のあるバスターミナルだ　2017.1.29

『大時刻表1964年10月号』弘済出版社

1 バスは旧ホーム側から乗車　**2** 駅名看板は近年復活したようだ　**3** ホーム側には白壁も残る　**4** 待合室。平日は窓口も開く

貴重な軌道線の駅舎

　基本的に道路を走っていた軌道線の駅舎はなかなか残らない。もとより国鉄駅舎のような立派な建物は軌道線には馴染まず、駅舎がおかれる主要な電停は貨物扱いや営業所が入居する拠点に限られるので、数も少ない。

　そんななか奇跡のように残っていたのが福島交通掛田線の終着駅、掛田駅舎だ。

　掛田線の歴史は古く1911（明治44）年には大日本軌道福島支社の路線として保原～掛田～川俣間が開業している。のちに掛田～川俣間は廃止されたが保原～掛田間は1971（昭和46）年まで福島盆地の地域輸送と霊山神社への参拝路線として走ってきた。

　廃止後、半世紀近い年月が過ぎたが旧掛田駅舎は福島交通バスのターミナルとして健在という。それを聞いて福島駅から掛田行きのバスに乗った。かつての軌道線をなぞるように走るバスは約1時間かけて掛田に着いた。

　掛田の町は、平原部の保原からゆるやかな峠を越えた小盆地にささやかな市街地を作っている。その中心部にある福島交通バス掛田案内所の建物はまぎれもなく鉄道駅舎だった。

　道路に対して斜めに建てられた木造平屋は改修に改修を重ね、壁もトタンやベニヤがはられ、バラック化する寸前で踏みとどまっているように見えた。それでも駅としての矜恃は失わず、軌道線以来の「掛田駅」の看板を掲げ、6畳間ほどの待合スペースには出札口

道路に対して斜めに建つ駅舎、バスの駐車する位置に電車の留置線があった。いまも霊山神社行きのバスが発着する
2017.1.29（5点とも）

も現役だった。

　乗客（といっても私ひとり）を降ろしたバスはこの旧駅舎をひと回りすると、隣の広場で待機に入る。かつてはこの空間が電車の留置線だったようだ。

　ここからバスで連絡する霊山神社は南北朝時代に奥州を支配した武将、北畠氏を祭神とする旧官幣大社で、戦前は多くの参拝客を集めていた。掛田駅の待合室には神社の鎮座する霊山の古い水彩画も飾られていた。

　このように駅舎がバスターミナルに転用され、ひきつづき地域の玄関になっているのも「動態保存」のかたちだろう。駅前にはいまも古い食堂が営業中で、細麺のうまいラーメンが350円で食べられた。

DATA

- 1911(明治44)年4月8日大日本軌道福島支社として開業
- 1962(昭和37)年7月12日信達軌道、福島電気鉄道を経て福島交通となる
- 1971(昭和46)年4月12日軌道線廃止

アクセス

福島県伊達市霊山町掛田西裏54-5
東北新幹線・東北本線福島駅からバスで55分

国鉄日中線 **熱塩駅跡**

日本離れした
リゾート風駅舎

すばらしい洋風建築の駅舎。尺貫法が一般的な頃、メートル法で施工された 2014.4.3

『大時刻表1976年10月号』弘済出版社

❶アーチで出迎える駅玄関　❷玉石の腰壁が綺麗に残り、壁には窓の跡もある　2014.4.3（2点とも）　❸内部は「日中線記念館」になっている　❹構内には転車台跡が残る　2007.10.14（2点とも）

リゾート感あふれる戦前の駅舎

　日中線の終点、熱塩駅跡を訪ねたとき、最初に目に入ったのがヒマラヤスギに囲まれた急傾斜の大屋根だ。

　しかも、玉石を積み上げた腰壁に掻き落としのモルタルを合わせた姿はエキゾチックで、童話のような雰囲気が漂ってくる。あきらかにただの木造駅舎とは違う造りだ。

　細かく見れば、明かり採りも兼ねたタテ窓が並び、玄関には半円形のポーチも設けられていた。現役時代は屋根裏にロフト（その窓は埋められている）もあって脱着式の階段で昇り降りしていたという。

　会津盆地から山形県の米沢をめざした日中線は1938（昭和13）年に暫定的にこの駅を終着とし、近くにある熱塩温泉の玄関として駅が設けられた。路線工事はさらに上流の日中ダム付近まで進められたという。かつて沿線には金や銅を含んだ黒鉱を産する加納鉱山もあって、日中線は貨客混合列車が走るローカル路線として存在しつづけた。そして、1984（昭和59）年の廃止後も奥会津の山々を背景に建つリゾート感あふれる駅舎は取り壊しを免れた。但し、廃止までの数年間は駅舎は窓ガラスさえ無く、荒れ放題だったという。

　現在、駅舎と構内は地元の有志が管理する「日中線記念館」として公開され、構内にはキ100形キ287ラッセル式除雪車やオハフ61形

駅舎内の「日中線記念館」はほぼ毎日公開される。構内にはキ100形除雪車や60系客車も保存されている　2014.4.3

　客車なども保存されている。屋内にも国鉄時代の備品や制服などが展示され、なかなか見応えがある記念館になっている。
　この日中線は1970年代中盤まで蒸気機関車列車が走り、レイルファンには注目された路線だったが、こんな素晴らしい駅があったとは知らなかった。現役時代にもっと見ておけばよかったと悔やまれる。
　ともあれ昭和前期、それも昭和10年頃に建てられた駅舎には、このような趣向を凝らした建築が多い。当時は戦前の鉱工業生産のピークにあたり、鉄道を使った観光ブームも起きるなどさまざまなところに勢いがあった。そのころ大日本帝国の版図は南樺太から台湾、朝鮮半島から遠く南洋まで占めていた。日本を強調する和風駅舎が建てられたのと同じように、凝った洋風建築も盛んに試みられていた。大げさにいえば、この熱塩駅もその流れのなかで誕生した傑作駅舎だと思う。

DATA
■1938(昭和13)年 8月18日開業
■1984(昭和59)年 4月1日廃止
■1987(昭和62)年「日中線記念館」開館

アクセス
福島県喜多方市熱塩加納町熱塩
磐越西線喜多方駅から車で25分

column

BRT路線に残った
被災地路線の駅舎

大きく変わっていく三陸沿岸路線の風景

　2011（平成23）年3月11日に発生した東日本大震災では、本震後の大津波によって多くの駅舎が失われた。路盤流失や橋梁被害も含めるとその被災範囲はJR八戸線、三陸鉄道北リアス線から南は常磐線、ひたちなか海浜鉄道にまで及んだ。

　JR東日本が発表した「流失した駅」は23駅（駅舎に限定せず）で、これに三陸鉄道北リアス線島越駅（駅舎流失）などを含めるとさらに多くの駅と駅舎が消失したことになる。

　これらのなかにはクラシックな洋館駅舎として親しまれた陸前高田駅も含まれ、一瞬のうちに鉄道だけでも膨大な資産が失われた。しかしこれだけの範囲が被災しながら各社鉄道員の適切な避難誘導で、乗客の犠牲者が皆無だったことは記憶しておきたい。

　それから6年の時を経て三陸沿岸の鉄道復興も新しい段階に入り、2017（平成29）年4月時点ではすでに三陸鉄道南北リアス線が全線復旧から3年目に入り、新駅十府ヶ浦海岸も開業している。またJR東日本盛〜気仙沼間の大船渡線と、気仙沼〜柳津間の気仙沼線は鉄道復活を断念してBRT（バス・ラピッド・トランジット）方式に転換している。

　このように震災以後、大きく変わった三陸沿岸の鉄道駅舎とBRT区間の残存駅舎を訪ねてみた。当然だが、鉄道の代替バスになっている区間が最も被害の激しかったところだ。

　盛駅を出たBRTは鉄道跡の専用道路から一般道路に入ると被災地の真ん中を走ることになる。とくに建物が流されて飛行場のようになった陸前高田市街を見るといまも言葉を失う。駅前に巨大な船が打ち上げられていた鹿折唐桑駅もBRTの停留所になっていた。

　比較的内陸に位置していた気仙沼駅は無傷だったが、ここからの旧気仙沼線の区間はBRTに全線乗って2時間30分のロングランになる。この区間では陸前階上駅と本吉駅がBRTの停留所として現存している。しかし、あの最後まで防災無線で呼びかけを続けた悲劇の防災庁舎（南三陸町防災対策庁舎）があった志津川駅は築堤だけになっていた。現在気仙沼線として鉄道が存続するのはわずか南端の柳津〜前谷地間の約18kmあまりになっている。

　北から主要駅を見ると宮古駅（無傷）、陸中山田駅（損壊焼失）、釜石駅（浸水）、盛駅（無傷）、大船渡駅（消失）、陸前高田駅（消失）、気仙沼駅（無傷）、本吉駅（無傷）、志津川駅（消失）、石巻駅（浸水）となっている。

　現在、山田線の宮古〜釜石間は代行バスで連絡しているが、2018年度内に復旧ののち三陸鉄道が列車を運転することになった。この区間には木造の津軽石駅舎が現存している。津波により、これほどの駅舎が被災した災害は150年の鉄道史のなかでも空前のことだと思う。

❶山田線の津軽石駅では津波で駅舎が浸水し、停車中の車両が押し流されて脱線した ❷旧駅舎を残しながら改装された釜石駅。構内は泥だらけになった ❸被害が大きかった大船渡線。洋館駅舎だった陸前高田駅は完全に失われた ❹気仙沼駅はＢＲＴ大船渡線とＢＲＴ気仙沼線、そして鉄道線（大船渡線）の結節点になっている ❺気仙沼線陸前階上駅は駅舎とホームは無事 ❻大船渡線鹿折唐桑駅では駅前に巨大な船が打ち上げられた。船はすでに撤去された ❼本吉駅は健在でＢＲＴの停車場になった ❽志津川駅は消失し、別の場所にＢＲＴ乗り場が設けられている

関東・甲信越
エリア

国鉄赤谷線　赤谷駅跡	54
新潟交通電車線　月潟駅跡	58
蒲原鉄道蒲原鉄道線　七谷駅跡	62
筑波鉄道筑波線　筑波駅跡	66
鹿島鉄道鹿島鉄道線　石岡南台駅跡	70
草軽電気鉄道草軽電気鉄道線　北軽井沢駅跡	74

コラム

街の片隅に残った奇跡の軽便鉄道本社屋	78

国鉄赤谷線 **赤谷駅跡**

飯豊山中に
奇跡のように残る
木造駅舎

苔むしたサクラは駅前で咲いていたのか、風雪に耐えた木造駅舎とともに老いていく 2009.12.14

『大時刻表1976年10月号』弘済出版社▶

❶駅の前後に構内の敷地も残る　❷新潟交通観光がバスを運行　❸一直線に延びる赤谷線跡の遊歩道　米倉付近
❹赤谷に入ると橋梁跡も点在

赤谷鉱山の夢の跡

　はじめてその駅舎跡を見たときは、とても鉄道駅舎とは思えなかった。でもよく観察すると周囲にはサクラの老木が茂り、建物の左右に私有地とも道路ともとれる曖昧な空間が延びていた。隣には新潟交通バスの車庫もある。この板張り倉庫のような建物がかつての国鉄赤谷線赤谷駅舎だった。1984（昭和59）年に廃止されてからすでに長い年月を経て線路は2車線の道路に変わり、鉄道だった証拠は廃線跡に残る橋梁と、ちょっと駅舎には見えないこの小屋だけになっている。

　この沿線を流れる加治川の上流には鉄や銅、亜鉛などの鉱脈があり、そこに含まれるミネラルによって流域を赤く染めたことが赤谷の地名の由来という。赤谷線はその赤谷鉱山（閉山時は日鉄鉱業赤谷鉄山）から鉱石輸送するために大正時代に開通した農商務省製鉄所専用線で、これを国鉄が譲渡を受けて開業したという歴史がある。

　駅舎も簡素ながら豪雪地帯にある駅らしく、かつてはホーム側にひさしも延び「倉庫や官舎もあったにぎやかな駅だった」と地元の老人に聞いた。もっとも駅は会津街道の宿場町、上赤谷から1kmほど離れたところにあって地域住民には不便な場所でもあった。

　その理由は「赤谷駅は近くに大きな製材所があって、材木を積み出すための駅だったから」というから、いかにも専用線として建設

窓も塞がれた駅舎。いまも地域の中心（上赤谷）からは離れているが、国鉄赤谷線の証人として貴重な遺産だ
2009.12.14（5点とも）

された鉄道らしい。駅舎前の製材所のあったところは寂しい草地となっていた。
　現在赤谷線の廃線跡は新発田寄りの12.4キロが「旧赤谷線サイクリングロード」として整備されたが、赤谷駅のある山間部は鉄橋やそれらしい道路のラインに痕跡を残すのみだ。
　スイッチバックで入線した終着駅の東赤谷から、鉱山まで続いていた日鉄鉱業赤谷鉱山専用鉄道（延々と4.2kmもスノーシェッドが続いていた）も自然に還りつつある。
　赤谷駅舎は廃線後しばらくは、地域の集会所やバス待合所に利用されていたが現在は閉鎖されている。長年の風雪で傷みも進んで行く末が心配な旧駅舎だ。

DATA
■1922(大正11)年農商務省製鉄専用線として開通
■1925(大正14)年11月20日国鉄赤谷線の駅として開業
■1984(昭和59)年4月1日赤谷線廃止に伴い廃駅

アクセス
新潟県新発田市上赤谷
羽越本線新発田駅から車で25分

新潟交通
電車線
月潟駅跡

保存された堤防の終着駅

集落に寄り添うように駅があった。ホームと駅舎は堤防の上で元駅前商店街の看板も楽しい　2007.3.24

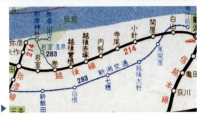

『大時刻表1976年10月号』弘済出版社 ▶

1 駅舎は嵩上げした2階にあった　**2** 駅舎は保存会の事務所に転用された　**3** 雪国らしく除雪車も展示　**4** 駅舎修復も進められている

堤防の上は雪と風が当たるので残すのは大変ですよ

　日本最長の河川、信濃川は下流の越後平野に中州を形成し、本流の西側に中ノ口川という分流がある。その緩やかに蛇行する流れに沿って新潟交通電車線が新潟市内から、金属工業で知られる燕までを結んでいた。

　かつて川に沿って点在する集落を結んだこの電車は、絵に描きたくなるようなローカル電車の情景を見せてレイルファンを魅了した。路線廃止は1999（平成11）年のこと。それからしばらくは線路や架線も放置され、廃線歩きの妙味が尽きない路線でもあった。

　月潟駅はその中ノ口川の堤防の上にあった。開業時は中間駅だったが、1993（平成5）年の月潟～燕間の廃止を受けてここが終着駅になった歴史を持つ。もとより狭い堤防に設けられただけに、コンクリートの1階に木造駅舎を載せたような駅舎が堤防に張り付くように建てられている。階段を上って改札口から入場すると雪国らしい庇がホームに延び、モ751形電動貨車とキ116形ラッセル車が静態保存されている。その横にはイエローとグリーンの塗装で「かぼちゃ電車」と親しまれた、モハ11形電車が置かれていた。この一角だけは線路や架線も残され、懐かしい田舎駅のロケーションが残されている。

　現在この月潟駅は構内とともに「月潟駅周辺公園」として整備され、駅舎や保存されて

月潟駅ではボランティアが熱心に保存活動を続けている。6月の「月潟まつり」では車内も公開される　2007.3.24
(5点とも)

いる電車はボランティア団体「かぼちゃ電車保存会」によって守られている。
　犬を連れて散歩していた住民の方に聞けば「堤防の上は雪と風が当たるので残すのは大変ですよ」と話していた。あらためて下見板張りの駅舎を見れば内部は保存会の事務所として利用され、来訪者向けのスタンプも置かれるなど、ほどよい現役感が感じられた。
　駅前は古い家並みが続く閑静な街だが、この月潟は子どもによる大道芸の越後獅子(角兵衛獅子)発祥地で、堤防の上に駅舎よりも立派に見える『越後獅子の歌』の歌碑も建てられていた。

新潟交通電車線の起点、白山前駅に到着するモハ10形

DATA
- 1933(昭和8)年8月15日新潟電鉄の駅として開業
- 1993(平成5)年8月1日月潟〜燕間廃止、当駅が始終着駅になる
- 1999(平成11)年4月5日廃止

アクセス
新潟県新潟市南区月潟
上越新幹線燕三条駅から車で25分

蒲原鉄道
蒲原鉄道線 **七谷駅跡**

里山に眠る箱庭のような駅跡

ホームと駅舎、それに農業倉庫が残る七谷駅跡。ここで列車交換が行なわれていた　2016.8.12

『大時刻表1976年10月号』弘済出版社▶

1 草に埋もれたホーム　**2** 駅舎は昭和30年代の建築だ　**3** 蒲原鉄道旧村松駅は安田町に移築されている
2016.8.12（3点とも）

時を忘れる廃駅の風景

　信越本線加茂駅から加茂川を車で20分程さかのぼった所に、いまも奇跡のように駅舎やホームが残っていた。蒲原鉄道の七谷駅だ。廃止されるまでは唯一列車交換を行なっていた駅で、1985（昭和60）年の廃止からすでに30年以上経たいまでも駅舎はそのまま残され、「黒水東区集会所」として利用されていた。その背後には電車が行き交った空間があり線路や架線はなくなっているものの、かつての構内が脳裏に浮かび上がってくるような情景に、時を忘れて見入ってしまった。

　駅跡は信濃川の支流、加茂川の流域から冬鳥越の小さな峠に向かって方向を変えるところにあって、七谷地の集落の中心からは800mほど離れている。ちなみに駅のある「黒水」地区とは湧出する原油に由来するものとされ、地学的にも新潟平野一帯には原油や天然ガスを含む「七谷層」という地層名も存在するという。蒲原鉄道の終点だった五泉市の南桑山ではいまも石油探査が行なわれ、近年も地下3900mに新油層が発見されたという。

　さて、この旧七谷駅舎は蒲原鉄道開業時のものではなく、1960（昭和35）年に火災で焼失した駅舎を建てかえたもので、なんとなく昭和の文化住宅を思わせる構えだ。駅舎に並行して古びた農業倉庫も見られ、構内を囲むようにサクラの老木も茂っていて、駅跡を中心に箱庭のような情景を残している。

いまは地域の集会所として利用されている七谷駅舎。周囲に民家はない。ここから冬鳥越に向かって上り坂になる
2016.8.12

　1976（昭和51）年の冬の宵、加茂から五泉まで蒲原鉄道の電車（たぶん元・西武鉄道のモハ61形）に乗ったことがある。そのとき、対向列車を待って七谷駅を発車した電車が吊掛けモータを唸らせながら線路上の雪塊を粉砕して走っていたことを思い出した。

　ともあれ、この愛すべき旧七谷駅は空振りに終わりがちな廃駅探訪でもひときわ達成感の得られる場所だった。この七谷駅跡から加茂川を渡ると洋館の旧七谷郵便局舎を利用したおしゃれなカフェ「MACHITOKI」や、春から秋の日曜のみ開店するところてんの「善作茶屋」がある。廃駅探訪の折には立ち寄ってみるのも良いだろう。

五泉付近を走る蒲原鉄道の電車 1980頃

DATA

- 1930（昭和5）年7月22日開業
- 1960（昭和35）年1月10日火災で旧駅舎焼失
- 1985（昭和60）年4月1日加茂〜村松間廃止
- 1999（平成11）年10月4日全線廃止

アクセス

新潟県加茂市黒水
信越本線加茂駅から車で20分

茨城県

筑波鉄道
筑波線
筑波駅跡

名峰筑波山の下
バスターミナルになった駅舎

シャープなラインの駅舎だ。鉄道駅の頃からバスターミナルを併設していた　2017.3.12

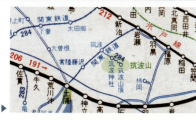

『大時刻表1976年10月号』弘済出版社 ▶

❶ホーム側は駐車場になった ❷ホームの屋根は鉄道駅時代のまま ❸改札跡から筑波山を見る ❹シンボリックな駅舎の柱 2017.3.12(4点とも)

レイルファンには人気がなかった駅舎

　駅舎探訪をしていても昭和30年代以後の建物には食指が動かなかった。その頃から新建材やコンクリートが増え、マスプロ化が進んでナニを見ても似た印象だったからだ。

　ところが、そんな駅舎でも廃線跡に残ると聞くと見に行きたくなる。

　早起きをしてバスを乗り継ぎ、筑波山の麓までやってきた。ここには1987（昭和62）年に廃線になった筑波鉄道の筑波駅が残っているからだ。私はその昔、「関東鉄道筑波線」だった頃に来たことがある。どうやら駅舎はまったく目に入らなかったようで、その時は駅前にドカンとそびえる筑波山と大鳥居しか記憶になかった。

　はたして、「筑波山口」バスターミナルになっている駅舎はコンクリート構造の見たこともないデザインだった。おそらく樹木をイメージしたのだろう、ファサードの中央にコンクリートの幹を建て、枝が屋根を支えるかのように左右に伸ばしている。建築として魅力あるかと聞かれればちょっと答えられないが、レイルファンにはまったく人気がなかったようだ。鉄道時代の筑波駅舎をインターネットで探してみたがノーヒットだった。これほど琴線に触れない鉄道駅舎も珍しいだろう。

　この駅舎が建てられたのは1972（昭和47）年ごろで、以前、待合室だったスペースは関

バスターミナルとして各方面からのバスが発着。筑波鉄道廃線跡のサイクリングロード休憩所にもなっている
2017.3.12

東鉄道つくば北営業所の事務所となり、ホームの跡は駐車場になっている。それでも旧筑波駅舎はいまもバスターミナルとして稼働中で、他人の心情などに関係なく、侘びも寂びもせず職務を全うする姿は潔い。

この筑波鉄道筑波線の廃線跡は「つくばりんりんロード」という、サイクリングコースになっている。桜川から土浦までの約40kmのコースは高低差も少なく廃線巡りのサイクリングにちょうどいいと思う。余談だが筑波山口バスターミナルの正面には元土産店を改装した「松屋製麺所」という店があり、朝7時の開店から行列ができていた。駅舎を見たあと、食べた魚介スープのラーメンがまことに美味しかった。

筑波山を背に走る
土浦行きのキハ
703　1985.10

DATA
■1918(大正7)年4月17日開業
■1987(昭和62)年4月1日廃止、バスターミナルに転換

アクセス
茨城県つくば市沼田283
関東鉄道常総線下妻駅から車で30分

鹿島鉄道
鹿島鉄道線
石岡南台駅跡

運命に翻弄された デザイン過剰な駅

円形階段が見事、建設当時はバリアフリー規制もなかったようだ　2017.3.12

2万5000分の1地形図『石岡』平成6年10月1日発行

❶線路跡の専用道を「かしてつバス」が行く ❷跨線橋は閉鎖されている ❸バス停名に駅の名残りがある

デコラティブな
跨線橋がめだつ駅

　1989（平成元）年に誕生した石岡南台駅は旧鹿島鉄道のなかでは最も新しい駅だった。もともと駅がなかったこの一帯に、住宅・都市整備公団（現・UR都市機構）が1980年代に「フローラルシティ南台」というニュータウン開発を行ない、それにともなって設置された駅だった。

　もとよりバブル景気の時期でもあり、また分譲地のイメージアップのために公団の負担で対向式ホームと跨線橋を設け、駅前にはタイル張りの円形階段を造った。当時は構内踏切の新設は認められず跨線橋は必須だったよ

うだ。そこに登場したデコラティブな跨線橋がめだつ駅でもあった。構内に駅舎的な建物はないが、跨線橋にある雨よけの庇が待合施設といえなくもない。バリアフリーの制約もない頃のデザイン過剰駅の通例として、利用しづらい駅でもあったようだ。

　しかも鹿島鉄道は単線非電化で、ほとんどレールバスのワンマン運転、石岡駅を除いて跨線橋はここだけという鉄道だった。いま開業時の写真を見ると、広々とした分譲地に未来的な駅と場違いな気動車が写っている。そんな幸せな時間は長続きせず、2007（平成19）年に惜しまれつつ鹿島鉄道は廃止されてしまう。

　それから数年後の冬にこの駅に来たことがある。すでにレールは剥がされ、砂利道にな

インパクトのある螺旋階段の跨線橋。鹿島鉄道で跨線橋があったのはこの駅だけだった。奥の豪邸は昔のまま　2017.3.12（4点とも）

1980年代の石岡機関庫。湘南顔のキハ430形が人気

った軌道敷跡では道路工事が進んでいた。シンボルだった跨線橋は閉鎖され、バス専用道路化が進んでおり、奇妙に新しい駅施設が物悲しく感じられた。

現在は石岡〜四箇村（しかむら）間の5.1キロがバス専用道になり、石岡と新鉾田（しんほこた）や茨城空港を結ぶ「かしてつバス」の停留所として稼働中だ。

ところで、廃線跡を利用する「かしてつバス専用道路」は一般車両の通行は禁止され、道路との交差点には侵入を防ぐ遮断機も設けられている。このあたりの技術が東日本大震災で被災した鉄道路線ＢＲＴ化の先例になっているようだった。

そして堂々として物悲しい石岡南台駅は、いまもアンバランスのなかにあった。

DATA

- 1989(平成元)年6月15日開業
- 2007(平成19)年4月1日廃止
- 2010(平成22)年8月30日かしてつバス停留所開設

アクセス

茨城県石岡市南台2-3
石岡駅ＢＲＴバスターミナルから茨城空港行きバス7分

群馬県

草軽電気鉄道
草軽電気鉄道線
北軽井沢駅跡

法政大学がつくった高原リゾートの玄関

正面から見れば「善光寺形」とわかる北軽井沢駅舎。線路は画面左右に延びていた　2016.8.14

5万分の1地形図『軽井沢』昭和32年9月30日発行▶

1 駅舎改修後は出札口も再現　**2** 屋根下の欄間には法政大学の頭文字"H"が並ぶ　**3** 堂々とした正面車寄せ　**4** 駅舎は登録有形文化財に登録されている

長野の善光寺を模した駅舎

　この駅舎を見に行ったのは盛夏の日だった。浅間高原にある駅舎は観光客も多く訪れ、賑やかな避暑地のムードに包まれていた。

　北軽井沢駅は昭和30年代に消えた日本屈指の高原鉄道、草軽電鉄の唯一残る駅舎として近年修復保存され、国の有形文化財にも登録されている。一見、お堂のようにも見える駅舎の屋根は金属張りながら重厚な入母屋造りだった。近くの観光案内所で聞くと「長野の善光寺を模したもの」といい、北側の正面口には立派な車寄せも備えていた。またホーム側には線路と木材で再現した草軽電鉄のデキ形機関車のモニュメントも置かれていた。付近の道路も駅舎に向かって5方向から集まり、駅が一帯の中心だったことを伝えている。

　さて、軽井沢の別荘地といえば旧軽井沢が有名だが、長野・群馬県境を越えた群馬県吾妻郡長野原町にある北軽井沢も昭和初期にかけて開発された別荘地だった。そして軌間762mmの草津軽便鉄道（当時）は標高999mの新軽井沢から1280mの国境平を越えて、1090mに下ってきたところに北軽井沢駅を置いた。

　この別荘地はもともと北白川宮家の牧場が払い下げられたもので、取得した法政大学学長の松室到（1852～1931）が学者たちに分譲したアカデミックな別荘地だった。これがいまも続く「北軽井沢大学村組合」に引き継がれ、独特のコミュニティーを形成している。

北軽井沢のバス停や観光案内所に隣接した旧駅舎。復元された草軽電気鉄道の電気機関車も見える。ここは群馬県内だ　2016.8.14（5点とも）

　この駅舎跡でも住民編集による辛口のミニコミ誌が配られ、この地域の文化度の高さを示していた。
　北軽井沢駅舎は、そんな大学村のシンボルとして1929（昭和4）年に法政大学から寄贈されたもので、欄間には法政の頭文字の「H」が並んでいる。また、駅名も元の地蔵川から北軽井沢に改称され、いまでは行政上の地名も長野原町北軽井沢となっている。
　ともあれ群馬県にあったもうひとつの軽井沢だが、現在は駅舎を中心に抑えの利いたリゾートの空間をつくり出していた。駅舎好きにとって木造の軽井沢駅舎を葬り去った軽井沢と、佳き時代が残る北軽井沢とが好対照に思えた。

DATA
- ■1918（大正7）年6月15日草津軽便鉄道地蔵川停留所として開業
- ■1927（昭和2）年北軽井沢に改称、現駅舎に改築
- ■1960（昭和35）年4月25日新軽井沢～上州三原間廃止に伴い廃駅
- ■2005（平成17）年駅舎改修
- ■2006（平成18）年登録有形文化財に登録

アクセス
群馬県吾妻郡長野原町北軽井沢
吾妻線万座・鹿沢口駅から車で20分

column

街の片隅に残った奇跡の軽便鉄道本社屋

湘南軌道二宮本社社屋

　神奈川県中郡二宮町は人口2万8000人。昭和40年代に山野を開発して住宅地が広がったため、このあたりまでは東京、横浜の通勤圏になっている。JRの東海道本線二宮駅は1日の乗車人数が1万3712人（2015年）、これは香川県庁がある高松駅の1万2579人を凌ぐ人数だ。

　その人通りの多い北口駅前にひっそりと、1919（大正8）年に建てられた湘南軌道二宮本社が残っている。こちらはもうすぐ建築後100年という歴史的建築だ。その建物は木造2階建ての洋館造りで、1階部分は増改築が繰り返されたようで、本屋を中心に何軒もの店舗が増築されている。近隣の方に聞くとその本屋は「昔は写真屋や、アパートに使われていたようです」という。現在は何も使われていない様子だが、道路から見ると長屋の奥に洋館建築らしいタテ窓が突き出して只者ではない構えを見せている。

　もともとこの二宮駅北口には軽便線の湘南軌道二宮駅と本社や車庫があった。現二宮駅北口から北東方向にその敷地があり、軌間762mmの線路が秦野まで延びていたという。さらにさかのぼれば1906（明治39）年に開業した湘南馬車鉄道がその前身で、タバコの産地だった秦野から二宮まで産物や人をのんびりと運んでいた。やがて大正時代になって馬鉄から軽便鉄道に転換したときにこの本社屋が建てられたのだ。

　地元郷土史家の熱心な研究で、本社社屋とかつての軌道のレイアウトはほぼ解明されている。それによると建物の左右に軌道が走り、一方は東海道本線二宮駅の構内に延び（こちらに乗降場があった）、もう一方は車庫と機関庫になっていた。本社のすぐ裏手には転車台もあったという。この湘南軌道の鉄道用地は三角形をなし、いまでもその敷地をたどるように道路が走っている。

　神奈川県南西部の近代建築は1923（大正12）年の関東大震災の震源が近かったため、ほとんどが被災、それ以前の建物で残る例としても貴重な存在といえるだろう。

　湘南軌道は集荷地だった秦野に小田原急行鉄道（現・小田急電鉄）が開通したため、その存在理由を失い、1937（昭和12）年に廃止された。それから80年も使われ続けた本社社屋。いまは個人所有になっているが、二宮町では案内板を建てて建物のことを解説している。

　現在、私鉄由来のうち大正期以前から残る建物としては）、JRの城端線城端駅舎（1897《明治30》年・中越鉄道として開業）、南海本線浜寺公園駅舎（1907《明治40》年・現在は移築のため解体保存）、近江鉄道新八日市駅舎（1922《大正11》年）など数えるほどしかない。

1 東海道本線二宮駅北口近くに残る湘南軌道本社（奥の2階屋）、秦野、中井、二宮の沿線の町が案内板を設置している。「湘南軽便駐輪場」の名も見つかる　**2** 縦窓が洋館らしい本社屋、手前の道路に軽便鉄道の線路が延びていた。駐車場の場所には転車台もあったという　**3** アパートとしても使われていた　**4** 本社屋の周囲に店舗が張り付いている　**5** 二宮から秦野までの駅跡には案内板が設置されている　下井ノ口駅跡　**6** 二宮本社屋付近から見つかったレール　**7** 二宮駅北口では軌道跡が商店街になった　**8** 中里駅付近。東海道新幹線の高架下が軌道跡

むかしの
えき

中部・北陸
エリア

加越能鉄道加越線　井波駅跡 ……………………………… 82
名古屋鉄道美濃町線　美濃駅跡 …………………………… 86
名古屋鉄道揖斐線　黒野駅跡 ……………………………… 90
名古屋鉄道モンキーパークモノレール線　動物園駅跡 …… 94
名古屋鉄道三河線　三河広瀬駅跡 ………………………… 98

コラム
旧中山道に沿った貨物線駅舎と巨大古墳……………………102

富山県

加越能鉄道
加越線
井波駅跡

おじいさんが集まる芸術品駅舎

ヒノキの部材が夕日に映え、鉄道駅とは思えない和風スタイルに目を見張る　2016.12.5

『大時刻表1964年10月号』弘済出版社 ▶

❶屋根に宝珠がのる駅舎はここだけ ❷年配者が集まっていた待合室 ❸欄間がすごい瑞泉寺の山門

井波のプライドが感じられる駅舎

　はじめて見た井波駅は、ありがたい観音様でも入っているのではないかと思うほどゴージャスな和風建築だった。

　黒くて丈夫そうな瓦屋根の上に望楼をのせ、最頂部には金色の飾りが日を浴びて光っている。木材を存分に使った玄関も重厚に張り出し、白壁もシミひとつ無く、誠に恐れおおい雰囲気の鉄道駅舎だ。隣に立つ案内看板を読めば「──軒裏の化粧垂木先と玄関廻りの肘木木口や木鼻は胡粉で彩色され──」と専門用語連発で、駅舎を地域の玄関としてとくに力を入れて建てられたことがうかがえる。

　それというのもこの井波は名刹、瑞泉寺の門前町で木彫り彫刻では全国に知られた町。「井波の欄間」といえば一目置かれるブランドだという。案内看板によれば駅舎は井波の宮大工、松井角兵衛恒茂の設計施工で1934（昭和9）年に完成している。やはり1935（昭和10）年頃の鉄道観光ブームの時代、井波の駅はフツーでは許されなかったのだ。

　加越能鉄道加越線の廃止は1972（昭和47）年のこと、駅舎はその後道路整備のためにやや東側に移されて、いまでは観光案内所と町の物産館になっている。訪問したときは地元のお年寄りたちが集まって世間話をしていた。その天井も高く、ベンチも年季の入った木造で「飛騨ヒノキを使った駅舎と聞いています」

旧線路跡は道路となり駅舎そのものも少し移動している。宮大工が手掛けた駅舎は城郭の櫓のようにも見える
2016.12.5（4点とも）

　と教えてくれた。このように駅舎は保存されたが、かつてのホームや線路は道路になっていて痕跡はなく、駅の北側には大規模な建材工場が稼働している。いまも参拝客が多い瑞泉寺の参道からは1kmほど離れた旧井波駅だけに、観光ルートからは外れていて、古老は「あまり人は来ませんねえ」という。
　戦国時代は本願寺派の拠点として越中の一向宗を率い、あの上杉謙信と激しい戦いを繰り広げた井波瑞泉寺は一種の宗教的自治国だったという。城郭のように石垣を巡らせ、圧倒的な欄間彫刻をほどこした瑞泉寺を見たあとはこの井波駅舎も訪ねて欲しい。そんな井波のプライドを感じられる駅舎だと思う。

DATA
- 1915(大正4)年7月21日砺波鉄道として開業
- 1934(昭和9)年2代目駅舎が竣工
- 1972(昭和47)年9月16日廃止
- 1977(昭和52)年移転改修され井波町の物産展示館に

アクセス
富山県南砺市北川81
城端線砺波駅から車で20分

岐阜県

名古屋鉄道
美濃町線 **美濃駅跡**

濃尾平野の
洋館駅舎の
終着駅

軌道線の始発駅は立ち姿のよい洋館造り。かつての地方私鉄の意気込みを感じさせる 2016.6.4

『大時刻表1976年10月号』弘済出版社 ▶

❶和紙の町美濃の玄関口 ❷大正生まれのモ500形も展示される ❸駅は頭端式の構造 ❹展示車両は歴代の4両 ❺出札口も現役時代のまま

都市間連絡電車のモダンな駅舎

　名鉄美濃町線は岐阜市内の徹明町から長良川に沿って美濃までを結ぶ全長24.9キロの鉄道で、路面電車タイプの電車が走る軌道線だった。それでも郊外になると専用軌道を走り、中間駅のいくつかにはちゃんと駅舎もある、いまでいうライトレールでもあった。

　美濃駅はその終着駅として大正時代に建設された洋館駅舎を残している。場所は長良川鉄道美濃市駅から続く駅前通りにあって、ちょうど鉄道駅（美濃市駅）と美濃の旧市街との中間に終着駅を置いている。

　この美濃駅は1923（大正12）年の美濃市駅（当時は国鉄越美南線美濃町駅）の開業にあわせて延伸したといい、いささか狭い場所に割り込むように駅を置いている。このため美濃中心街も美濃市駅にもストレス無く歩ける立地になっていた。

　かつて私もこの美濃駅舎を長良川鉄道美濃市駅から歩いて訪問した。ゆるやかな坂を下ったところに電車が並んでいた。いずれも美濃町線で活躍した電車たちだ。駅舎は小さいながらも頭端式（ホームの先端に駅舎がある）に建てられ、洋館らしい下見板張りにハーフティンバーを組み合わせた、古い医院のようなたたずまい。玄関の左右に縦窓（塞がれている）を置いた幾何学的なファサードにも都市間連絡電車のモダンさが表れている。これ

左からモ820形、モ660形、モ510形、モ550形。人気のモ510形は時々貸し出されて不在になる　2016.6.4
（6点とも）

は長良川鉄道美濃市駅のローカル駅の風情と好対照に思えた。

　駅舎は登録有形文化財として保存され、ホームも含めて構内全体が公開されていた。

　廃止後訪ねた日には駅事務室に入居する「旧名鉄美濃駅舎保存会」の人たちが鉄道グッズの店を開いていた。聞くと火曜以外の日中は駅を公開していて「野口五郎の展示も始まります」とのこと。この美濃は野口五郎の出身地なのだ。そうか、彼の『私鉄沿線』は美濃町線だったのか、などと妙な妄想をしながら美濃和紙で栄えた旧市街まで歩いた。

　ここはうだつの町並みが美しい歴史的な景観を残している。著名な観光地ではないが、美濃駅舎とともに訪ねたい岐阜の小京都だ。

2005（平成17）年に全線廃止されるまで新関駅まで走っていた

DATA
- 1911（明治44）年2月11日美濃電気軌道上有知駅として開業、同年美濃町に改称、同年移転
- 1923（大正12）年10月1日再移転して新美濃町に改称、現駅舎竣工
- 1954（昭和29）年10月1日美濃に改称
- 1999（平成11）年4月1日美濃町線、新関〜美濃間廃止につき廃駅

アクセス
岐阜県美濃市広岡町
長良川鉄道越美南線美濃市駅から徒歩3分

名古屋鉄道
揖斐線 **黒野駅跡**

のりかえ電車の小宇宙

谷汲線(左)と揖斐線(右)の電車が発着した
黒野駅構内。駅舎は黒い建物 2016.9.24

『大時刻表1976年10月号』弘済出版社

1 ホーム片面側に線路も残る　**2**「黒野駅ミュージアム」は駅舎の2階　**3** ホーム側の出入口　**4** 事務所内はパン屋になっていた　**5** 駅跡はいまではレールパークになった　2016.9.24（5点とも）

駅舎とホームがレールパークに

　名鉄揖斐線の黒野駅は現役時代からよく撮影に通った駅だった。岐阜を中心に路線を延ばしていた名鉄の軌道線だが、良くも悪くも近代化しなかったため、古き佳きローカル電鉄が最後まで残っていたからだ。そのシンボルのような場所がこの黒野駅だった。

　かつては揖斐線と谷汲線の分岐駅で木造2階建ての学校校舎のような駅舎に、2つのホームと留置線が密集し、平日の午後になると電車が着くたびに各方面に乗り換える高校生たちがホームにあふれ、さながら昭和の青春映画を見ているようだった。

　そして2005（平成17）年の路線廃止後もしばらくは手つかずのままだったが近年、鉄道へのオマージュを込めた「黒野駅レールパーク」となり、駅舎は「黒野駅ミュージアム」として整備された。

　あらためて訪問した黒野駅は、大正末期のデザインのままリニューアルされていた。

　昔はこの2階に谷汲鉄道（谷汲線の前身）の本社も入居していたという駅舎は、古アパートのような印象だった。そんな建築も妻飾りや洋館らしい縦窓を残しながら、いまでは公共施設らしく隙のない建物になっている。

　昔、きっぷも買ったことがある出札口から駅事務室を覗けば、なかにはベーカリーが入店し、おいしそうな匂いを漂わせていた。そ

見違えるばかりにリフォームされた黒野駅舎、妻面の装飾も再現され、地域の催し物会場となっている　2016.9.24

整備される以前の駅舎　2000.12.2

ういえば現役時代にも駅舎にパン屋があったことを思い出した。また2階には黒野駅周辺を再現した鉄道ジオラマがあり、休日になれば子どもたちに大人気という。
「廃止10周年記念で、みんなで協力して作りました」と駐在するボランティアのおじさんが話していた。買ったパンを齧りながらホームに出れば、かつての2・3番線ホームが残され片面にはレールも敷かれている。ここには旧美濃駅から車両を貸してもらって展示することもあるという。
　現役時代の姿を極力残した美濃町線美濃駅（86ページ）と、徹底してリニューアルした揖斐線黒野駅。いずれもここに愛すべき軌道線があった証として、住民たちに守られていた。

DATA

- 1926(大正15)年4月6日美濃電気軌道北方線、谷汲鉄道開業時開駅
- 1928(昭和3)年12月20日当駅〜本揖斐間が延伸
- 1930(昭和5)年8月20日美濃電気軌道が名古屋鉄道と合併、揖斐線に改称
- 2001(平成13)年10月1日谷汲線、当駅〜本揖斐間廃止
- 2005(平成17)年4月1日揖斐線、忠節〜黒野間廃止で当駅廃止
- 2013(平成25)年4月12日黒野駅レールパーク開園

アクセス

岐阜県揖斐郡大野町黒野560-4
養老鉄道養老線揖斐駅から車で20分、樽見鉄道樽見線本巣駅から車で15分

愛知県

名古屋鉄道
モンキーパーク
モノレール線

動物園駅跡

おさるの動物園に通った跨座式モノレール

跨座式モノレールのパイオニアだった。駅舎棟はカフェテリアが増設されている　2017.3.26

2万5000分の1地形図『犬山』昭和46年11月30日発行 ▶

❶駅舎正面は動物園内　❷山中には軌道跡が残る　❸3両編成中2両が保存されている　2017.3.26（3点とも）

日本初の跨座式モノレール

　日本のモノレールは大きく分ければ、懸垂式の「サフェージュ式」と跨座式の「アルウェーグ式」の2つがある。なかでもアルウェーグ式は東京モノレールに採用され、多摩都市モノレール、大阪モノレールなどの「日本跨座式」と呼ばれるタイプに進化していく。

　そんな跨座式モノレールで日本初の開業となったのが1962（昭和37）年に開通した名古屋鉄道のモンキーパークモノレール線だった。名鉄犬山駅と動物園駅を結んだ全長1.2キロ、駅数3というミニ路線だったが、ここで得られた経験が羽田空港と都心を結ぶ東京モノレールに生かされて成功を収めた。

　2008（平成20）年の廃止から約10年、犬山遊園地にある動物園（日本モンキーパーク）駅跡を見に行った。

　日本モンキーパークには動物園と遊園地の2つのゾーンがあり、その中間にモノレールの駅跡があった。そこにはいまも2両の日立製MRM100形車両が静態保存されていた。もっとも犬山のモノレールは3両編成のはずだが、調べると東側の先頭車両は近くの温泉施設で展示されているという。

　ともあれ、駅を見るために駅舎に隣接する北口から600円の動物園入園料を払い、園内に入った。丘の斜面に設けられたコンクリート構造の駅はいまも健在でホーム階と上階（動物園内の地平）に分かれ、集札口や改札

駅舎跡は動物園ゾーンと遊園地ゾーンの中間にありMRM100形車両が開業時の塗装に戻されて保存。車両内部は非公開　2017.3.26

口は閉鎖されているが、ゆとりのあるスペースはレストラン「シャングリ・ラ」と休憩所に利用されていた。

　かつて、この駅で下車する時は自動的に動物園の入園料も徴収されたが、申し出れば一般道への出入口も案内してくれた。短いとはいえ周辺住民の利用もあったようだ。

　いまは残念ながら車両が停まっているホーム階に入ることができず、ガイドレール末端にあった検修庫も撤去されて駐車場になっている。それでも動物園と遊園地との連絡通路から駅舎と保存車両の全景が見えた。

　また、当駅と中間駅の成田山駅との間の山林には、コンクリートのガイドレールが少しだけ残されていた。

以前は車庫が駅舎の奥にあった　2007.8.9

DATA

■1962(昭和37)年3月21日ラインパークモノレール線として開業
■1980(昭和55)年モンキーパークモノレール線に路線名改称
■2008(平成20)年12月28日廃止

アクセス

愛知県犬山市犬山官林26日本モンキーパーク内
名鉄犬山線犬山遊園駅から車で5分

名古屋鉄道
三河線
三河広瀬駅跡

風光明媚な地。
木造駅舎は地域活動の拠点

地元ボランティアによって修復された駅舎。駅前旅館も健在だ
2016.12.6

『大時刻表1976年10月号』弘済出版社▶

❶休日は駅舎が軽食堂になる ❷駅を中心に集落が形成されている ❸窓が広い駅舎内 ❹線路は矢作川鉄橋まで続く

落葉で真っ赤に染まった駅

　この駅の存在を知ったのは、ある雑誌で廃線を利用した遊びの特集をやったときだった。愛知県豊田市の三河広瀬駅で軌道用リカンベント（3輪自転車）に乗れるという。

　現地は2004（平成16）年に廃止になった名鉄三河線の廃線区間にあって、緩やかな猿投の丘陵を矢作川が流れる箱庭のような景勝地だった。通称「山線」と呼ばれた三河線の猿投〜西中金間は廃止後も線路が撤去されず、なかば放置されたようになっていた。これに目をつけた地元の有志が三河広瀬駅を拠点にレール遊びを企画したのだ。

　コースは三河広瀬駅から西の矢作川鉄橋までの約400mの鉄道線路で、自転車をこぎながら感じる鉄輪とレールのリジッドな振動は、まさに新鮮な体験だった（現在は自転車の貸出しは終了している）。

　そして感動したのは木造駅舎と、それをとりまく駅前広場のたたずまいだった。駅前にはいまも旅人宿があり、かつては三河線でもセラミックや陶器の貨物輸送があったと聞いた。そしてこの三河広瀬駅にも貨物側線があったという。

　今回、撮影のためにあらためて訪問した三河広瀬駅は矢作川の堤防に植えられたモミジの落葉で真っ赤に染まっていた。駅舎は文化住宅サイズ（約50㎡）の平屋で、その半分がぐるりとガラス窓に囲まれた待合室で、出札

晩秋はモミジで赤く染まる駅構内。単線ホームが矢作川に面した景勝地だ。線路跡は断続的に終点の西中金駅まで続く　2016.12.6（5点とも）

口やホーム側出入口も健在だった。屋根は鉄板葺きの切妻で、シャッターの閉まった出札口には、いまも「切符は車内でお求めください」と書かれていた。廃止直後はかなり傷んでいたが、地元のグループが根気よく修理してオーガニックなカフェのような佇まいになっていた。駅舎では休日になると五平餅やみたらし団子を販売するなど、駅舎を使った拠点づくりを行なっている。

モミジが散るなか、残存する三河線の線路をたどっていくと絵に描きたくなるような里山風景がひろがっていた。廃線を活用する取組みは三河線の終着、西中金駅跡でも行なわれていて、帰りに寄ったら旧駅舎が珈琲屋になっていた。

DATA

- 1927（昭和2）年9月17日三河鉄道の駅として開業
- 1941（昭和16）年4月1日名古屋鉄道と合併、名鉄三河線の駅となる
- 1985（昭和60）年3月14日電気運転から気動車運転に転換
- 2004（平成16）年6月1日猿投〜西中金間廃止に伴い廃駅

アクセス

愛知県豊田市東広瀬町神田　名鉄三河広瀬駅駅舎・プラットホーム跡
名鉄三河線猿投駅から車で15分

column

旧中山道に沿った貨物線駅舎と巨大古墳

西濃鉄道昼飯(ひるい)駅

　旧街道から小道に入っていくと突然踏切が現れた。といっても線路は前後で寸断され、とり残されたレールが枯れ草のなかに赤錆びていた。そんな住宅街のエアポケットのような空間に駅舎が建っていた。看板には墨書きで昼飯(ひるい)駅の文字。駅とはいっても文化住宅風の平屋で、すぐ後ろにはレール以上に錆びた貨車が1両ポツンと放置されている。建物の形式から昭和30年代に建てられたものらしい。

　ここは2006（平成18）年に廃止になった西濃鉄道昼飯線の終点、昼飯駅の跡だ。昼飯線は近隣の金生山(かなぶやま)南側の昼飯鉱山から産する石灰石を輸送するための貨物専用線だったので、昼飯駅跡に駅前広場や旅客ホームのような設備はない。

　1990年頃までここから列車が運転されていたといい、途中の美濃大久保駅でスイッチバックして1.9km先で東海道本線美濃赤坂支線（通称）に接続していた。

　昼飯駅から断続的にレールが残る廃線跡を歩くと、すでに使われなくなった鉱山設備が次々に現れて興味が尽きない。しかも周囲は江戸時代から続く中山道の赤坂宿で、いまも旧街道の本陣跡や古民家が続いている。

　そんな小江戸風の街並みに突然線路が現れるのが赤坂宿の楽しさだ。西濃鉄道のもう1つの路線市橋線は健在で、町家のすぐ裏を貨物列車がゆっくりと往復している。ここは近世（江戸時代）と近代が一緒になって古びたような町なのだ。

　もとより石灰と石材産業は鉄道を必要とする。大垣駅から分岐する東海道本線の支線、通称美濃赤坂線は距離5.0キロ、駅数2という小路線で金生山鉱山群のために建設された鉄道だ。その終点は大正時代の木造駅舎が残る美濃赤坂駅、旅客営業はここまでで、構内から貨物専用鉄道西濃鉄道の2つの路線（昼飯線と現役の市橋線）が分かれていた。運ばれてきた石灰列車をこの駅で仕立て直して送り出していたのだ。

　レイルファンには貨物線が楽しい赤坂宿周辺だが、古生物ファンにとっても金生山は化石の山として知られ、明治時代には海外からの地質学者が貴重な化石を発掘している。また昼飯駅近くには全長150mという東海地方最大の前方後円墳「昼飯大塚古墳」があり国の史跡となっている、その上に登ると大垣から関ヶ原にかけての勾配が手に取るように見えた。目を凝らせば東海道本線の勾配緩和線、新垂井線（東海道本線別線）の築堤も見える。

　美濃赤坂駅から昼飯駅にかけては駅舎と線路と街並みと古墳と化石と……地質時代から近代まで、興味深い物件が集まったホットスポットといえるだろう。

1 貨物駅の昼飯駅は昼飯線の末端にあった。駅というより構内詰所のような建物。かつては構内から採掘場までトロッコ軌道もあったという　**2**「晝飯駅」と旧字体で書かれた駅名看板　**3** 駅舎の隣には小ぶりな有蓋貨車も放置されている　**4** 西濃鉄道現役路線の市橋線、引込線のような線路が宿場町に延びる　**5** 昼飯線が接続するＪＲの美濃赤坂駅。大正生まれの駅舎は無人だが駅構内は広い　**6** 昼飯駅構内の踏切跡では側線が４本確認できる　**7** 昼飯駅から200ｍほど南には「昼飯大塚古墳」があり歴史公園になっている。ここから養老山地と関ヶ原を望む

むかしのえき

近畿・中国・山陰
エリア

官設鉄道北陸線・東海道線　**旧長浜駅跡**	106
江若鉄道江若鉄道線　**近江今津駅跡**	110
有田鉄道有田鉄道線　**金屋口駅跡**	114
姫路市交通局モノレール線　**手柄山駅跡**	118
同和鉱業片上鉄道線　**吉ヶ原駅跡**	122
井笠鉄道本線　**新山駅跡**	126
船木鉄道船木鉄道線　**船木町駅跡**	130
ＪＲ西日本大社線　**大社駅跡**	134

コラム
ちょっと前の大規模廃線。新開業と残存駅舎の行方 ……… 138

滋賀県

官設鉄道
北陸線・
東海道線 旧長浜駅跡

まだ途上の停車場は
船が着いたステイション

石灰コンクリートという技法で塗られた壁面。現存最古の駅舎は波止場にあった　2017.3.25

2万分の1地形図『長浜』明治27年11月30日発行 ▶

1 ＪＲ長浜駅も旧駅舎風　**2**「長浜鉄道スクエア」ではＥＤ７０形も展示　**3** 駅舎は倉庫として使われてきた　**4** 蒸気船で大津まで連絡していた　**5** 駅長室も復元されている

現存する日本最古の駅舎

　1872（明治5）年の新橋～横浜間開業からわずか10年後に建てられたのがこの旧長浜駅舎だ。

　現存する日本最古の駅舎として公開されている有名な建物だが、これほどまでに古い建築がなぜ残ったのかといえば、実際に稼働したのは20年ほどで、それ以後は倉庫として使われていたためだ。しかも、木造ならば解体は容易だが、この初代長浜駅舎は分厚い石灰コンクリートと石材を使ったきわめて頑丈な造りだった。邪魔にもならないし壊す理由もなかったのだろう。

　旧長浜駅の生い立ちを追うと、最初は福井県の敦賀港と大阪を結ぶ路線の中継駅として誕生した。1882（明治15）年当時はまだ鉄道路線も途切れ途切れで、この長浜と大津の間の連絡は琵琶湖の蒸気船に頼っていた。やがて大垣方面から東海道線も長浜に接続し、長浜駅は鉄道と汽船の乗換え駅として重要な結節点になった。

　しかし、ほどなく琵琶湖沿岸に鉄道（湖東線）が完成すると蒸気船の連絡は終わり、湖畔の駅舎も役割を終えた。

　実際に建物を見れば、その後の駅舎のイメージとはかなり異なるスタイルであることがわかる。ひろく人々を招き入れるような構えではなく、運輸事務所のオフィスのようなかたちになっている。木骨構造の石灰コンクリ

明治時代の出札口と旅人の人形。鉄道黎明期で内装もまだ駅舎らしくない。1903（明治36）年から駅舎としては使われていない　2017.3.25（6点とも）

ート造りで四隅に御影石の切り石を置き、内装も鹿鳴館調の調度が見られ、屋根裏にはキングポストトラスを組んだ堂々たる西洋館だ。

　しかし群衆をコントロールする構造ではなく、営業時にはかなりの混乱を見たことは想像に難くない。初代駅長はのちに東京駅長となった高橋善一で「客の出す金が天保銭あり、文久銭あり、一厘銭ありでその銭勘定も忙しかった」とその当時のことを語っている。このような時代を経て日本の停車場の基本型が成立していったのだと思うと、いっそう貴重な遺産に思えてくる。

　駅舎の設計は英国人技師のエドモンド・グレゴリー・ホルサム、施工は神戸の稲葉弥助の名が残っている。ちなみにホルサムは島崎藤村の『夜明け前』に中山道を測量する外国人鉄道技師として登場している。

　現在は「北陸線電化記念館」「長浜鉄道文化館」とともに「長浜鉄道スクエア」と総称され、ＥＤ70 1やＤ51 793が静態保存されている。

DATA
■1882（明治15）年３月10日官設鉄道北陸線の始終着駅として開業
■1903（明治36）年１月１日長浜駅が移転し駅舎としての使用終了
■1958（昭和33）年鉄道記念物に指定
■1983（昭和58）年旧長浜駅舎鉄道資料館として公開

アクセス
滋賀県長浜市北船町1-41
北陸本線長浜駅から徒歩５分

滋賀県

江若鉄道
江若鉄道線 **近江今津駅跡**

終点は
トンガリ屋根の駅

周囲に比べて飛び抜けて古い洋館。ほとんど
旧駅舎とは気づかないだろう　2016.9.25

『大時刻表1964年10月号』弘済出版社 ▶

1 妻面の軒飾りに特徴がある **2** 乗客の出入りはこの建物から **3** 古写真では屋根にドーマー窓があった **4** 南側から見た旧駅舎 **5** 柱に古レールも残る

陸軍兵士が乗降した

　琵琶湖の西岸に路線を延ばしていた江若(こうじゃく)鉄道は、近畿地方の私鉄線としては珍しく非電化のまま昭和40年代まで走り続けた鉄道だった。その名のとおり近江と若狭を結ぶ目的で、歴史的な交流路「鯖街道」に沿って建設された鉄道だったが、この近江今津に至ったところで延伸は中止となった。

　それでも「♪明日は今津か長浜か」と名曲、『琵琶湖周航の歌』にも登場する風光明媚な湖岸を走る気動車は、多くのファンの脳裏に焼き付いている。96歳まで私鉄を撮り続けた鉄道写真家、萩原二郎さんにも生前「車両はゲテモノでしたが、風景はキレイだった」と萩原さん流の賛辞を聞いたことがある。

　そんな江若鉄道の26駅のなかで唯一現存する近江今津駅舎を訪ねた。場所は今津町(滋賀県高島市)にある湖西線近江今津駅から北に200mほど離れたAコープ今津店の正面にあった。

　建物は鋭角の三角屋根がめだつ木造2階建てで、現在は空き家の貸店舗となっている。三角屋根の駅舎本屋に、待合室部分のモルタル塗りの平屋を組み合わせた建物は、廃止後50年近くを経てかろうじて原型を保っている感じだ。ホームや留置線があったところは道路やAコープの敷地になっていて、かつての玄関は路地に面している。元駅舎としては表裏が逆転した感じだが、建物には地元ガイド

手前の道路の位置にホームがあった。後ろは湖西線開業で廃止された江若鉄道用地を、国鉄が買い上げた名残りのJRアパート　2016.9.25（6点とも）

団体による手作り風の看板が掲げられ、ここがかつての駅舎で、貴重な存在であることを伝えている。

　赤字経営にあえいでいた江若鉄道は国鉄湖西線の建設を機に、鉄道用地を積極的に使ってもらうように国鉄と交渉したが用地の半分ほどしか国鉄に売れず、この近江今津駅舎も湖西線から外れたおかげで幸か不幸か駅舎が残った。

　市内今津町の東南方向には東京ドーム529個分という広大な陸上自衛隊饗庭野演習場が広がっている。砲撃音が「いつも聞こえる」とAコープの店員さんが話していた。ここは明治時代に開設されたかつての陸軍演習場で、近江今津駅には演習場におもむく多くの兵士が乗降したという。

DATA

■1931（昭和6）年1月1日開業
■1969（昭和44）年11月1日廃止

アクセス

滋賀県高島市今津町住吉2丁目付近
湖西線近江今津駅から徒歩6分

有田鉄道
有田鉄道線 **金屋口駅跡**

有田みかんを港に運んだ夕涼みの駅舎

動態保存のキハ58形と金屋口駅。雰囲気は現役時代と変わっていない。行先表示の「藤並」が懐かしい

『大時刻表1964年10月号』弘済出版社 ▶

❶有田川鉄道交流館との間を運転　❷金屋口駅はいまも終点だ　❸駅前には有田鉄道バス本社がある　❹キハ58形の展示運転により駅が蘇る

上下左右に揺れる気動車がこわごわ走っていた

　年号が昭和から平成に替わる頃、有田鉄道に乗ったことがある。まだ紀勢本線湯浅駅に乗り入れて、藤並駅から自前の線路で金屋口まで5.6キロを走っていた頃で、元富士急行車のキハ58形が1日5往復するうちの半分は藤並駅から発着していた。その頃から線路には草が茂り、上下左右に揺れる気動車がこわごわ走っていた。

　そして終着の金屋口駅は有田川の堤防の端にホームと駅舎を置いていた。駅舎は金属板で覆われた倉庫か駐輪場を思わせる素っ気ないものだったが、ホームと改札口の間が平坦な構造だった。駅員が自転車を押しながら改札口を通過するところを見て、ミカンの荷車が通るのかと思い、きっぷ売り場のおばさんに聞くと「それは昔の話！」と笑われた。

　数年前、思いもよらず再び金屋口駅を訪れた。2010（平成22）年に金屋口駅の周辺が「有田川鉄道公園」として整備され、あのときに乗ったキハ58形を「有田川町鉄道交流館」が復活させて保存運転を始めたからだ。

　現地を訪ねると金屋口駅から約500ｍの間にレールが残され、新たに設けられた駅「有田川鉄道交流館」との間でキハ58形と、有田鉄道の末期に樽見鉄道から移籍したレールバス、ハイモ180形が青い煙を噴き上げながら動いていた。

ホームにはかつての資料や写真も展示され、駅としての妙味は少ないが廃止前の風景をよく残している

そして、再びキハで訪れた金屋口駅は、人気は失せたものの昔の記憶のまま残っていた。相変わらず駅舎の素っ気なさは変わっていなかったが、正面右手にあった駐輪場がなくなって駅前が開放的になっている。

ところで、有田鉄道の歴史を探れば、かつては金屋口駅から高野山に向かうバスの観光ルートがあり、それを有田鉄道も宣伝していた。駅舎がいまのような素っ気ないかたちに変わったのは1977（昭和52）年頃で、それ以前は堂々とした終着ターミナルを構えて高野山行きのバスが発着していたという。

現在も有田鉄道バスが藤並と高野山を結んでいるが（花園バス停で乗継ぎ）、かなりの秘境路線として知られている。

1985（昭和60）年頃の金屋口駅。キハ58形が到着する

DATA
- 1916（大正5）年7月1日開業
- 2002（平成14）年12月31日廃止
- 2010（平成22）年3月20日有田川鉄道公園開園

アクセス
和歌山県有田郡有田川町徳田124-1
紀勢本線藤並駅から車で15分

兵庫県

姫路市交通局モノレール線 **手柄山駅跡**

37年間眠っていた地底の未来のステーション

公園内水族館ビルと一体化していた手柄山駅跡にはモノレールの実車も展示されている　2017.3.25

2万5000分の1地形図『姫路南部』昭和49年4月30日発行

❶西洋のお城風の建物のなかに駅があった ❷広告や看板表示も昔のまま ❸水族館の玄関はモノレール出入口を兼ねていた ❹モノレールは車内も公開

世界で2例しかない軌道方式

　あの東日本大震災があった2011（平成23）年の早春に、兵庫県姫路市の手柄山中央公園で奇妙な駅が公開された。その駅は姫路駅の南西にある標高約50mの手柄山に建つ姫路市水族館にあるという。じつはここに1974（昭和49）年まで走っていたモノレールの駅が車両ごと封印されていたのだ。

　そのいきさつをいえば、1966（昭和41）年に手柄山で開催された姫路大博覧会に合わせて、姫路駅と会場を結ぶ目的で建設された市営のロッキード式モノレール線があった。当初は未来の交通として期待されたが乗車率は伸びず、たった8年目で休止されたまま廃止に追い込まれたのだ。当時は導入した市長の責任問題に発展し、姫路市政の汚点として文字どおり封印されてきた。

　今回、その封印が解けて公開されたと聞き、世界遺産の姫路城よりも先に手柄山に行った。

　さて乗り物好きとしては、ロッキード式なるモノを復習しておきたい。各種あるモノレール形式のなかで異端的存在だったのがこのロッキード式だった。これはアメリカのロッキード社が開発したもので、ガイドウェイにレールを設けて鉄輪で走行するというもので、高速運転も可能というふれこみだった。国内では小田急の向ケ丘遊園モノレール線とこの姫路市営モノレールで実用化した。しかし世界市場での導入はこれだけで、肝心のロッキ

手柄山交流ステーションモノレール展示室は9〜17時公開、火曜休館（祝日の場合翌日休館）、無料で見学できる

ード社も早々と手を引いてしまう。

　まさにはしごをはずされたモノレールは、手柄山の地底駅（正確にはビルの内部）に鎮座していた。かつてのモノレール出入口が玄関になっていてホームには2両の実車が展示されていた。そのデザインは小田急の車両よりも洗練されていていたのが興味深い。ホームには当時の広告看板も残されて、一種のレトロミュージアム的な楽しみもあった。

　旧手柄山駅は水族館の2階部分で、車両とともに車両のパーツを見せる展示コーナーもあり、この建物自体がモノレール駅と一体の設計になっていることがわかった。

　こんなものを抱えたまま、長年封鎖されていたことも、結構すごい事だと思った。

大将軍駅はマンションのなかにあった。2017（平成29）年に解体された　2008.2.21

DATA

- ■1966(昭和41)年5月17日開業
- ■1974(昭和49)年4月11日休止
- ■1979(昭和54)年1月26日廃止
- ■2011(平成23年)4月29日手柄山交流ステーションとして公開

アクセス

兵庫県姫路市西延末440
山陽電鉄手柄駅から徒歩約10分

岡山県

同和鉱業
片上鉄道線 **吉ヶ原駅跡**

トンガリ屋根の洋館駅舎と
日本屈指の保存鉄道

保存鉄道のシンボルとして活用される洋館駅舎。ファサードの造形が見事　2014.4.12

『大時刻表1976年10月号』弘済出版社▶

❶車庫のある駅だった吉ヶ原　2014.4.12　❷運転日には駅員も復活　2007.4.1　❸構内にカフェも開店した 2014.4.12　❹廃線跡のほかの駅も整備された　2007.3.31

三角屋根に戻った賑い

　吉ヶ原の駅舎を最初に見たのはある出版社の依頼で鉄道廃線跡の取材をしていた1995（平成7）年のことだった。当時はまだ廃止後4年ぐらいのため、各所に駅舎が残っていた。瀬戸内海沿岸から吉井川に沿って線路跡をさかのぼるうちに、よく似た雰囲気の駅舎群が現れ出した。備前塩田駅、備前福田駅、そして周匝駅、美作飯岡駅と、どれも玄関に赤い屋根の三角ファサードを持つ同形の駅舎が並んでいた。

　いずれも同じ図面が用いられたような建物で、とくに周匝、美作飯岡、それに片上鉄道の車両基地があった吉ヶ原と終点の柵原の4駅は、ひときわ鋭角の三角ファサードが異彩を放っていた。まさに片上スタイルともいうべき駅舎群は、硫化鉄鉱を運ぶ鉱山鉄道の泥臭さを払拭するモダンな姿だった。

　そして20年後のいま、唯一残るのがこの吉ヶ原駅舎だ。あらためて正面に立つと、その天に突き上げるような三角形が強い印象を残す。2つの切妻を待合室で交差させ、妻面には掻き落としの塗り壁とハーフティンバー[*2]の柱で飾り気を出している。とくに玄関両側にある幾何学模様のブロック形持ち送り[*3]は見たこともないデザインだ。駅舎にはどことなく童話の世界のようなムードも漂い、ローカル私鉄でありながら贅沢な造りであることがわかる。

*1　ファサード＝正面（道路側）から見た建物の外観
*2　ハーフティンバー＝柱や梁などの軸組みを外部に表し、その間の壁面を漆喰などで埋める建築構造

毎月第１日曜が展示運転日、戦前型のキハ303形にも乗車できる。2014（平成26）年には新駅も開業　2012.6.3

終点の柵原駅も同じデザインだった　2003.11.16

　この旧吉ヶ原駅では現在、地元美咲町の「柵原ふれあい鉱山公園」として残された片上鉄道の車両を動態保存する活動が行なわれており、月に１度の運転会では「片上鉄道保存会」の有志たちが当時の制服姿で駅舎に詰める光景もみられる。ここは国内でもっとも活発な活動を行なう英国スタイルのヘリテイジ・レイルウェイ*4 で、いまでは美咲町の有名観光地になっている。

　構内にはカフェも開店し、ポイント小屋などの設備も現役当時の雰囲気に合わせて整美されるなど細部にわたるこだわりもうれしい。また近年、地元美咲町によって線路が延長され、その末端に吉ヶ原駅舎を模した「黄福柵原駅」も建設された。この「片上鉄道保存会」

の駅と列車の風景を作る試みは、おおいに評価されてもいいと思う。

DATA
■1931（昭和６）年２月１日開業
■1991（平成３）年７月１日廃止
■1998（平成10）年12月３日片上鉄道保存会展示運転開始
■2006（平成18）年３月２日吉ヶ原駅舎が登録有形文化財に選定
■2014（平成26）年11月２日路線延長、黄福柵原駅開業

アクセス
岡山県久米郡美咲町吉ケ原394-2
山陽本線和気駅から車で40分、津山線弓削駅から車で25分

*3　持ち送り＝水平に突き出た棚や出窓などを、壁から遠くへと持ち出して支える部材
*4　ヘリテイジ・レイルウェイ＝heritage railwayのこと。過去の鉄道路線を復活させ運行されている観光鉄道

井笠鉄道
本線
新山駅跡

備中路を走った軽便蒸機
駅舎は記念館に

整備され小さな鉄道パークになった新山駅。車両のほうが大きく感じる簡素な駅舎だ 2016.2.25

『大時刻表1964年10月号』弘済出版社

❶内容充実の展示室 ❷貴重な未使用きっぷ ❸転車台の上の1号機関車 ❹駅舎は大正時代のまま

昔の新山駅は田んぼのなかの離れ小島みたいだった

　岡山県の西部に路線を延ばしていた井笠鉄道は、軌間762mmの軽便鉄道ながら戦中戦後も粘り強く走り続けた。廃止は1971（昭和46）年のこと。歴史の1コマのような非電化の軽便鉄道が1970年代まで走っていたことに軽い驚きを覚える。

　新山（にいやま）駅を初めて訪れたのは2007（平成19）年頃、当時は個人的に開館した手作り感あふれる記念館だった。そして、なかにいた親切なおじさんが元駅長だったと帰ってから知った。駅舎の隣には井笠鉄道開業時にドイツから輸入したコッペル製の1号Bタンクが保存されていた。側面の大部分が水タンクになっている井笠スタイルの軽便蒸機は、一時期西武鉄道山口線を走っていたものだ。

　駅舎も車両も貴重な鉄道記念物だったが、のちに所有者の井笠鉄道バスの清算を受けて管財人管理となり前途が心配された。幸い地元の笠岡市が建物や保存車両を取得し、2014（平成26）年に「笠岡市井笠鉄道記念館」として再オープンしたのだ。

　開業時の1913（大正2）年に建てられたという駅舎はシンプルな切妻の平屋で、下見板張りに土壁漆喰（しっくい）塗りの36㎡と鉄道駅舎としては小さな建物。待合室も四畳半ほどのスペースでかつての玄関口は閉鎖されている。

　現在出入口になっているところが改札口で、

修復された新山駅舎内の「井笠鉄道記念館」は珍しい軽便鉄道のミュージアムだ。開館は9〜17時 月曜休館、入館無料

かつての事務所では井笠鉄道グッズも販売している
2016.2.25
（6点とも）

廃線跡に県道が整備されたことでホームの位置が道路になっている。ただ市営記念館開設に際して建物も数m動かしたようだ。訪ねたときに、記念館に集まっていたお年寄りに聞くと「昔の新山駅は田んぼのなかの離れ小島みたいだった」という。

駅の近隣は地元ブランド「新山の柿」の産地で、「列車交換もできた、それに駅舎の前後に貨物側線もあって柿も積んでいた」という。話を聞きながら、駅舎のまわりに線路が集まる停車場の風景を想像すると夢のようだ。

ホームに建っていた腕木式の信号機が大きく感じる新山駅舎。いまでは矢掛駅舎（北辰バス矢掛バスターミナル）とともに井笠鉄道の現存する数少ない駅舎だ。

DATA

- 1913（大正2）年11月17日井原笠岡軽便鉄道の駅として開業
- 1971（昭和46）年4月1日廃止
- 1981（昭和56）年井笠鉄道記念館開館
- 2014（平成26）年3月30日笠岡市井笠鉄道記念館開館

アクセス

岡山県笠岡市山口1457-8
山陽本線笠岡駅から車で20分

山口県

船木鉄道
船木鉄道線
船木町駅跡

バスターミナルとして健在
船木鉄道の中核駅舎

バスターミナルながら鉄道駅舎のオーラが漂う船木町駅跡だ　2017.2.7

2万5000分の1地形図『船木』昭和29年6月30日発行

❶こちらがホーム側、駅舎は平屋　❷皆「せんてつ」と呼ぶ　❸船木鉄道の橋脚跡　吉部付近　❹駅裏にホームの遺構が埋まる

地元では船木町バスターミナルを「駅」と呼ぶ人もある

　この船木町駅舎が建てられた時期は定かではないが、軽便鉄道時代の写真には似た建物が写っている。あらためて眺めると100年を超えた建物には見えないが、かつては鉄道駅舎だったという雰囲気は充分に残していた。地元ではそんな船木のバスターミナルを「駅」と呼ぶ人もあるという。

　正面が西向きに建つ建物は切妻屋根を縦横に配した本屋と、壁に巡らせた庇（裳階屋根）からなり、かつてのホームはバス車庫になっている東側にあった。構造から見て、鉄道時代は待合室になっていたところがいまでは船鉄バスの事務所になっている。構内は広く、以前は車庫もあった船木鉄道の中核をなす駅で、鉄道写真家、萩原二郎さんは生前「廃止直前は動く車両は2両だけで、残りは船木町駅の車庫に眠っていた」と話していた。以前、船木鉄道の本社屋は隣に建てられていたが、現在の船鉄バス本社はこの旧駅舎のなかに置かれている。

　船木は山陽道の宿場町として栄え、いまも国道2号が通っている。しかし、明治時代に山陽本線が沿岸部の宇部経由で建設されたため、民間資本で船木町～宇部間に開通したのが軌間762mmの船木軽便鉄道だった。

　そのころから船木周辺に民間の中小炭鉱が集まり、船木鉄道はやがて1067mmに改軌して

正面側から見た船木町駅。この右手に車庫があった。駅舎の南方を新幹線が通過し、北には山陽自動車道、国道2号が通る

本格的に石炭輸送を行なった歴史がある。

　このように山口県は鉱山業で栄えた歴史がある。秋吉台のように石灰台地があり船木鉄道沿線のほか小野田市の海岸部には大規模な炭鉱もあった。江戸時代には長門の特産品として石炭が珍重されていた。幕末の慶応年間には炭鉱地帯の船木に長州山口藩による石炭局も設置され、藩営で採掘されていた。当時は灯火や煮炊きのほか、瀬戸内海沿岸で盛んだった製塩の燃料としても利用されたという。

　いまでも石灰採掘は続いており、船木バスターミナルの東方には美祢から宇部までを結ぶ宇部興産専用道路が通り、石灰石を積んだ大型トレーラーが轟々と走っている。

吉部付近の廃線跡に残るレンガ造りの「大棚トンネル」
2017.2.7（6点とも）

DATA

- ■1916（大正5）年9月16日開業
- ■1923（大正12）年10月12日1067mmに改軌
- ■1961（昭和36）年10月19日廃止、以後船木鉄道バスターミナルに使用

アクセス

山口県宇部市船木980
山陽新幹線・山陽本線厚狭駅から車で15分、山陽本線厚東駅から車で10分

JR西日本
大社線

大社駅跡

出雲に行ったら必見！
和風駅舎の最高傑作

見事な和風駅舎は明かり取りのため窓も多く、板ガラスは総数1679枚も使っている　2013.4.19

『大時刻表1976年10月号』弘済出版社▶

❶格天井と出札窓口 ❷正面は入母屋造り ❸中央の玄関も重厚だ　2013.4.19（3点とも）

木造大型駅舎の集大成

　初めて大社駅を見たのはまだ大社線が走っていた頃だった。1両編成のキハ40から降りたとき、ホームに出雲大社が建っているような驚きを覚えた。駅舎のなかは格天井からシャンデリアが下がり、仏壇のような装飾の観光案内所が重々しく鎮座していた。木彫の内装と白壁のコントラストも美しく、油臭いディーゼル気動車からいきなり御殿に入ってしまったような感じだった。

　いまもその大社駅の印象は変わらない。現在は国の重要文化財として公開されているが、とくに改造されていないのもいい。

　外観を見れば寺と神社と天守閣を混ぜたような超和風ながら、全体がバランスよくまとまっているのも見事だ。また、この頃のターミナル駅の流行として中央母屋から比翼型に開いて左右にファサードを設けている。これは赤レンガの東京駅丸ノ内駅舎にも通じるシンメトリカルな構えだ。近年、駅舎内部から建築時の棟板が発見され、神戸鉄道管理局技師の丹波三雄の設計であることがわかった。また、同じ頃に出雲大社神殿の設計に関わっていた建築界の大御所、伊東忠太も監修に加わっていたのではないかという説もある。

　あの旧長浜駅のように外国人の指導から始まった日本の鉄道駅舎も、この大社駅の完成で1つの区切りをつけたのかもしれない。

　駅舎建築の歴史を追うと竣工の前年には関

寝台列車が到着した長いホームも残る。展示されるD51 774は本州内最後の営業運転を行なった機関車　2013.4.19

東大震災があり、それ以後ターミナル駅舎は一気にコンクリート建築へと変わっていった。

ところで、この大社駅から出雲大社までは約2kmも離れている。その理由は諸説あるが、つまりは駅の場所で地元が紛糾してしまい、業を煮やした鉄道院総裁の後藤新平が「ここにせい」と決めたという。

ともあれ駅舎は立派だったが出雲大社は遠かった。後年、より近い場所に一畑電鉄（現・一畑電車）が大社神門駅（現・出雲大社前駅）を開設したこともあり、利用客が減って大社線は廃止となる。

縁結びの御利益で賑わう出雲大社だが、この旧大社駅に訪れる観光客は少ない。

JR化直後の大社駅　1988

DATA

■1912(明治45)年6月1日開業
■1924(大正13)年2代目現駅舎竣工
■1990(平成2)年4月1日廃止

アクセス

島根県出雲市大社町北荒木441-3
一畑電車出雲大社前駅から徒歩13分

ちょっと前の大規模廃線。
新開業と残存駅舎の行方

可部線廃線跡の駅舎と線路

　ＪＲ発足30年の節目に飛び込んできた三江線廃止のニュースは、長大路線廃止（108.1キロ）の驚きとともに鉄道がさらに次の時代に入っていく予感をさせた。逆に可部以遠が廃止された可部線では、2017（平成29）年3月4日に可部〜あき亀山間が電化して新規に延伸し、ひさしぶりの開業も話題となった。

　ところで今回延伸したあき亀山駅の先には、2003（平成15）年に廃止された区間がさらに44.6キロも続いている。かつてこの区間には国鉄時代の駅舎群があり、最終的には山陰本線浜田をめざした未成線も残っていた。ついこの間まで走っていたように思える可部線非電化区間も廃止から15年が過ぎた。改めてその跡をたどってみた。

　可部線はそのほとんどが広島市に河口を持つ一級河川、太田川に沿ってさかのぼっている。そしてあき亀山駅から先は延々と蛇行を繰り返す渓谷路線になる。途中の安芸飯室駅までは1936（昭和11）年の開業だった。その駅舎は「戦前型」とも呼べる木造平屋が奇跡のように残っていた。訪ねた時はまだ空き家だったが近年、この駅舎を利用してカフェも開業したという。

　これより先は戦後の開業区間となる。一般に中国地方の戦後駅舎はコンクリート建築になることが多く、小河内駅（撤去）や安野駅、そして可部線非電化区間の中核駅だった加計駅（撤去）が1954（昭和29）年の延伸だった。そのなかで安野駅だけが現存し「安野 花の駅公園」として健在だった。園内には旧線路のほかに可部線カラーのキハ58 554も静態保存され、現役時代の駅風景を残していた。コンクリート駅舎は陸屋根（フラットな屋根）に直線構成の箱型で、トイレが駅舎に合体しているところが戦後派の駅舎らしい。

　さて、加計駅から終点の三段峡駅までは1969（昭和44）年の開業区間だ。線路規格もオール立体交差で、駅も待合室だけの簡易型がほとんどだが、そのぶん廃線跡は構築物としてはっきりと残っていた。殿賀駅と土居駅は待合室がそのまま、筒賀駅はスーパーマーケットになり、これ以後はコンクリート橋が国道や川を越えていた。終点の三段峡駅はすでに駅舎はなく、線路のモニュメントがあるだけだった。

　この三段峡駅から先の計画線は「今福線」と呼ばれ、10km以上の長大トンネルが計画されており、その試掘トンネルは地元の酒造会社がウイスキー熟成に使っている。

　開業から約50年、廃止から15年という可部線最深部の線路だが、高規格で建設されただけに勿体無さが募る廃線跡だった。

■木造駅舎が残っていた安芸飯室駅。近年修復されて現在はカフェになっている　■戦後スタイルのコンクリート駅舎だった小河内駅は取り壊された　■太田川沿いの景勝地にあった安野駅は「安野　花の公園駅」として整備された。イベント時にはトロッコ列車も走る　■終着駅だった三段峡駅跡には線路と車止めのモニュメントがあるだけ　■1969（昭和44）年開通の加計〜三段峡間にはいまも多数のコンクリート橋が残る　旧土居駅付近　■2017（平成29）年3月4日に新開業したあき亀山駅。廃止された安芸亀山駅とは違う場所だ

むかしの
えき

四国・九州
エリア

屋島登山鉄道屋島ケーブル　屋島山上駅跡	142
住友金属鉱山下部鉄道線　星越駅跡	146
国鉄宮之城線　樋脇駅跡	150
国鉄大隅線　古江駅跡	154

香川県

屋島登山鉄道
屋島ケーブル
屋島山上駅跡

存在そのものがアート
山上のモダニズム

屋島の崖っぷちに建つケーブルカーの超モダン駅舎。古びてなお凄みを増す　2009.2.23

『大時刻表1976年10月号』弘済出版社▶

❶かつては屋島観光ルートだった（3点とも）　❷素敵な字体の駅名看板　❸全体のデザインを引き締めるアンテナ　2009.2.23

秘密基地みたいな
ゾクゾクさせる佇まい

　とにかく、このビルディングをご覧いただきたい。鉄筋コンクリート3階建ての建築には、あちこちに意味不明の出っ張りや装飾が施され、壁面には不ぞろいの窓が並び、どういう事情からか階段は戸外に張り付けられている。しかも屋根には怪しげなアンテナも立つ。研究所か測候所か、秘密基地みたいなゾクゾクさせる佇まいのビルの地下にはケーブルカーの強力なモーターが隠されている。

　屋島山上駅は近代モダニズムが内包するダダイズムや表現主義といった活力が、そのまま噴き出たようなデザインだ。それでいて全体にバランスが取れた造形を保っている。カタチの持つエネルギーが美しさに収束する芸術的な作品といえるだろう。

　この屋島ケーブルは1929（昭和4）年に高松琴平電気鉄道志度線の屋島駅前にある屋島登山口駅からこの山上駅（当初は屋島南嶺駅）まで開業、戦時中は一時休止したものの1950（昭和25）年に復活したという歴史を持つ。線路延長は858m、高低差は265m、スイス製の機器を備えたモダンなケーブルカーは四国霊場八十四番霊場屋島寺への公共交通としての役割を果たしてきた。

　まだ営業していたときにこの駅で「建物もだいぶ改造した」とか「アンテナは山麓の屋島登山口駅との無線通信で使った」「2階の

1920年代に花開いたモダニズムの流れが屋島にやってきた。文化が装飾に宿っていた頃の名作駅舎だ　2009.2.23

「テラスではダンスパーティーも開かれた」などと初老の駅員から聞いた。1961（昭和36）年に屋島ドライブウェイが開通してからはしだいに利用者も減って苦しい経営が続いた。営業最終日の2004（平成16）年10月15日にはさよなら運転の準備中に故障を起こして運転不能となり、そのまま復旧できずに終わったとニュースにもなった。まさに刃折れ矢尽きた屋島ケーブルだった。いまは営業休止日のまま時間が止まっている。

それでも2009（平成21）年には経済産業省の近代化産業遺産に認定され、近年では瀬戸内国際芸術祭の展示会場にも利用された。

ともあれカタチも存在も、理屈抜きに楽しい廃線駅舎である。

営業していた頃のケーブルカー「弁慶号」 2000.7.30

DATA

- 1929（昭和4）年4月2日屋島南陵駅として開業
- 1944（昭和19）年2月11日運転休止
- 1950（昭和25）年4月16日営業再開、屋島山上駅に改称
- 2004（平成16）年10月16日運転休止
- 2005（平成17）年8月31日廃止

アクセス

香川県高松市屋島東町1780
ことでんバス屋島山上バス停下車徒歩15分

愛媛県

住友金属鉱山
下部鉄道線 **星越駅跡**

住友金属が作った昭和の住宅街と鉱山鉄道の木造駅舎

住友金属の幹部が通勤した駅舎はかつて巨大工場を背にしていた。壮大な石垣も目をひく　2017.1.11

２万5000分の１地形図『新居浜』昭和47年６月30日発行

1 駅前の山田社宅　2011.4.10　**2** 駅舎側面には線路跡も残る　2017.1.11　**3** 山田社宅の交番　**4** 別子銅山記念館の別子1号機関車　2011.4.10（2点とも）　**5** 軒の住友マーク　2017.1.11

旅客駅としての役割を終えたまま60年

　四国初の鉄道開業は伊予鉄道松山〜三津間で1888（明治21）年のこと。その次に走り始めたのが、別子銅山（愛媛県新居浜市）山麓から鉱石を運ぶために1893（明治26）年に開業した住友別子銅山（のちの住友金属鉱山）下部鉄道だった。

　路線の呼び方に「下部鉄道」とあるように、ほぼ同時に標高1000m近い高所に「上部鉄道」も建設された。この2つの鉄道を索道で連結し鉱石を新居浜港まで輸送していたのだ。

　星越駅は下部鉄道の新居浜沿岸部にある。とはいっても丘に囲まれた窪地にあって、まるで古代遺跡のような赤茶けた斜面の下に、切妻の洋館風駅舎が建っていた。玄関には車寄せがあり、正面と側面の小窓には住友の井桁マークもデザインされている。

　駅舎は公道に面しているが、線路のあった山側はそのまま住友金属鉱山星越選鉱場跡の敷地内でいまも立ち入ることはできない。

　ところでこの星越駅舎だが、ほんの数年前まではなかば廃屋のような雰囲気で、山の斜面を利用した巨大な浮遊選鉱場の片隅に何の処遇も施されずに残されていた。下部鉄道が1955（昭和30）年に旅客鉄道から専用鉄道に戻ったため、旅客駅としての役割を終えたまま60年近くも経っていたからだ。

　それでも別子鉱山鉄道に唯一残る駅舎とし

リフォームされ端正な姿が蘇った星越駅舎は、住友マークの軒先とともに玄関の妻飾りも可愛い。内部も見たくなる駅舎だ　2017.1.11

数年前の星越駅。後方に選鉱場が見える　2011.4.10

て2016（平成28）年に住友金属の手によって改修され、建築当時の姿に戻っている。

　また、駅前一帯は通称「山田社宅」という住友金属の幹部社員住宅になっていて、かつては250戸もの庭付き一戸建て住宅があったという。いまでも生け垣の美しい昭和の住宅が約100戸現存している。山田社宅も星越駅も1929（昭和4）年の開設で、この従業員通勤のために星越駅が開設されたのだ。

　歴史を見ると、昭和になって採掘量が減ってきた別子銅山は深い山の中からこの新居浜沿岸部に拠点を移して工場地帯の建設に入った。そして従業員を移転させ、下部鉄道を普通鉄道に転換したという。別子銅山の歴史を知るには必見のポイントだと思う。

DATA

- 1893(明治26)年住友別子鉱山鉄道として開通
- 1929(昭和4)年11月5日鉱山鉄道から地方鉄道に転換、一般営業開始
- 1950(昭和25)年電化完成
- 1955(昭和30)年1月1日一般営業廃止、鉱山鉄道に再転換
- 1977(昭和52)年2月1日廃止

アクセス

愛媛県新居浜市王子町1-4
予讃線新居浜駅から車で10分

国鉄宮之城線 **樋脇駅跡**

JR化を待たずに消えた
線路跡に残る国鉄建築

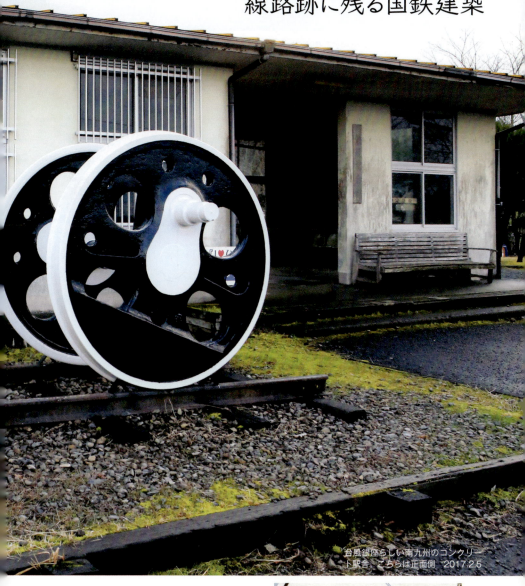

台風銀座らしい南九州のコンクリート駅舎。こちらは正面側　2017.2.5

『大時刻表1976年10月号』弘済出版社▶

1 2つどなりの楠元駅には信号テコも残る **2** 樋脇駅舎は金属サッシを多用 **3** 楠元駅舎は移築保存されている
4 窓が大きい樋脇駅の待合室

昭和30〜40年代らしい 小気味の良いデザイン

　宮之城線が廃止になったのは国鉄分割民営化3カ月前の1987（昭和62）年1月10日のこと。私の宮之城線体験は30年以上も昔に、鹿児島本線川内駅の宮之城線ホームに2両連結のキハが停まっているのを見ただけ。その頃は各地で毎月のようにローカル線廃止が続いていて、結果的にこれが見納めだった。

　樋脇駅はその川内駅から4駅目、距離にして13kmほど内陸に入った小盆地にあった。いまでは薩摩川内市に含まれている樋脇だが2004（平成16）年までは薩摩郡樋脇町で、川内川の中流域に開けた町だ。

　大正時代に建設が始まった宮之城線の前身、私鉄の川宮鉄道（川内と宮之城を結ぶ目的の鉄道会社）はまず川内からこの樋脇をめざして工事が進められたという。

　川内川を北上したあとに支流の城後川に沿って樋脇まで南下するルートをとっていた宮之城線、いまは桜並木が植えられた道路になっている線路跡を辿ると樋脇駅舎が残されていた。鉄骨コンクリート造りの鉄板葺きで、内装に一部木材が使われた駅舎は昭和30〜40年代らしい国鉄建築。すべて直線構成で、曲がったものはステンレスパイプの改札ラッチだけという小気味の良いデザインだ。南国らしく開口部に扉がない開放的な建物は「旧樋脇駅跡鉄道公園」の休憩所となっている。

複線線路も再現されている。駅のトイレは2つ並んだドアのところ、小さな煙突が見える

　建物の前には複線レールも残され、蒸気機関車の動輪がのせられている。よく見ればこの線路は廃線跡に土盛りして敷かれたようで、ホームとの段差はほとんどなかった。

　この旧樋脇駅舎に隣接して日帰り温泉「鷹の巣冷泉」があり、こちらは結構賑わっていた。樋脇には「市比野温泉」という昔ながらの湯治場もあり、いずれも美人の湯だそうだ。

　ところで、ほかにも宮之城線沿線には、旧楠元駅が1924（大正13）年の開業以来の木造駅舎が半分に切断された状態で残されており、またスイッチバック駅だった薩摩永野駅には「永野鉄道記念館」も開館している。しかし宮之城線内で完全なかたちでの旧駅舎は、この樋脇駅だけしか残っていない。

なかば放置状態の「鉄道記念館」の看板
2017.2.5
（6点とも）

DATA

■1924（大正13）年10月20日開業
■1987（昭和62）年1月10日廃止

アクセス

鹿児島県薩摩川内市樋脇町塔之原826
九州新幹線・鹿児島本線・肥薩おれんじ鉄道川内駅から車で20分

鹿児島県

国鉄大隅線 **古江駅跡**

大隅半島の終着駅だった波止場の赤い屋根

港の風景に溶け込んでいた古江駅舎。戦時中は海陸の接点として重要駅だったという。桜島は近いが見えない 2017.2.6

『大時刻表1976年10月号』弘済出版社 ▶

❶大隅線の大隅高山駅も駅舎が残る ❷古江から延びる廃線跡 ❸改札ラッチは鉄パイプ ❹鹿屋駅跡にはキハ20形が静態保存されている ❺古江駅ホームの先は漁協の駐車場

話の端々に「古江線」の言葉が出てくる

　大隅線古江駅の旧駅舎は、漁船が停泊する鹿児島県の鹿屋港からわずか50mほどのところにあった。波穏やかな錦江湾の漁港は養殖のカンパチが名物といい、漁協直営の食堂だけが観光客で賑わっていた。その漁協の駐車場と隣の公園がかつての古江駅の構内で、片隅に赤瓦の駅舎が残っていた。

　建物はリノベーションされていて鉄道停車場の雰囲気は薄いが、玄関やホーム側の庇には古レールが使われ、改札口のラッチも残されていた。一帯は「古江鉄道記念公園」として整備され、駅舎内部にも自由に立ち入れる休憩所になっている。内部の壁には現役時代の駅の写真がいくつか飾られていた。そしてホーム側にひろがる庭にはレールも置かれている。

　国土地理院のウェブサイトで閲覧できる1948（昭和23）年の空撮写真には、古江駅構内に多くの留置線が写っている。つまり以前は駅と港湾が一体化していたのだ。この古江駅は鹿屋にあった海軍航空隊（現・海上自衛隊鹿屋航空基地）への軍需物資を船から積みかえる中継駅として、戦時中は重要な役割を果たしていたという。

　その時代のことを地元のお年寄りに尋ねると、話の端々に「古江線」の言葉が出てくる。大正時代に志布志方面から延伸してきた鉄道

まだ古江線と呼ばれていた頃の1960（昭和35）年改築の駅舎。いまでは公園の休憩所として余生を送る　2017.2.6（6点とも）

は長い間この古江が終着駅だった。このため路線名も古江線と呼ばれ、1972（昭和47）年に古江〜国分間が通じたことで大隅線に改称された。しかし1987（昭和62）年に路線廃止となったため結局「大隅線」は15年間しか使われなかった路線名だ。

「列車で鹿児島に出るよりバスで桜島に出て船で行くほうが早かった」と地元で聞いた古江の町だが、1958（昭和33）年の時刻表を繰ると古江から鹿児島に列車で向かうには、志布志、日豊本線西都城経由で5時間を要している。古江は鉄道路線上では枕崎に匹敵するさいはての終着駅だったのだ。

大隅線の全通は東海道新幹線開業よりも遅い1972年のこと。短命に終わった古江〜国分間の線路は高規格で造られていて、いまも各所に立派なトンネルやコンクリート高架橋が残されている。

DATA
- 1923（大正12）年12月19日大隅鉄道として開業時開駅（762mm軽便線）
- 1935（昭和10）年6月1日国有化され国鉄古江線に線名改称
- 1960（昭和35）年10月現駅舎に改築
- 1972（昭和47）年9月9日志布志〜国分間全通で大隅線に線名改称
- 1987（昭和62）年3月14日廃止

アクセス
鹿児島県鹿屋市古江町
日南線志布志駅から車で70分

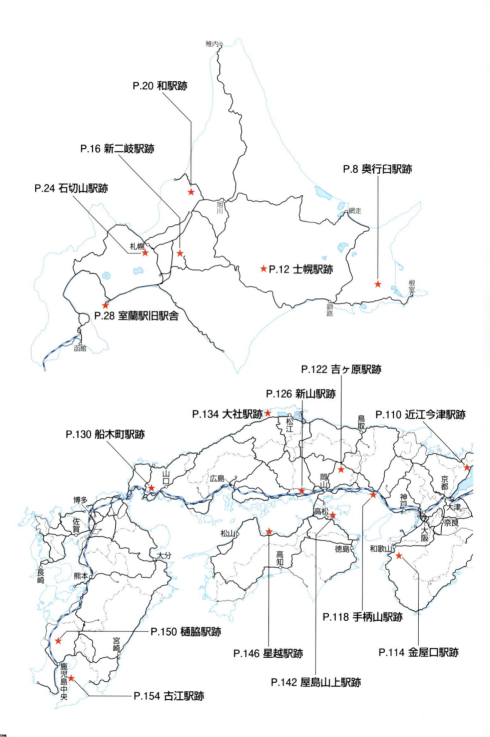

さくいん地図

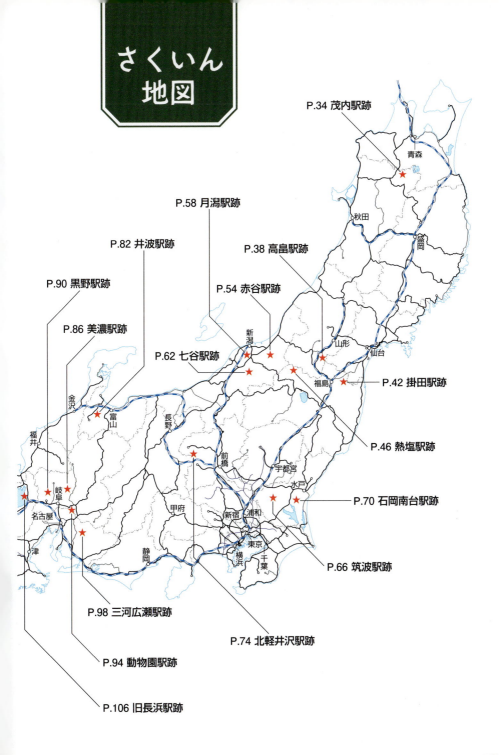

- P.34 茂内駅跡
- P.58 月潟駅跡
- P.82 井波駅跡
- P.38 高畠駅跡
- P.90 黒野駅跡
- P.54 赤谷駅跡
- P.86 美濃駅跡
- P.62 七谷駅跡
- P.42 掛田駅跡
- P.46 熱塩駅跡
- P.70 石岡南台駅跡
- P.66 筑波駅跡
- P.98 三河広瀬駅跡
- P.74 北軽井沢駅跡
- P.94 動物園駅跡
- P.106 旧長浜駅跡

[著者プロフィール]

杉崎行恭：1954年兵庫県生まれ。カメラマン兼ライターとして『時刻表』や旅行雑誌を中心に執筆。鉄道趣味の世界では、駅と駅舎の専門家として知られる。著書に駅の構造と歴史をまとめた『駅舎』（みずうみ書房）、駅舎ベスト100を選んだ『日本の駅舎』、『駅旅のススメ』（JTBパブリッシング）、『東武鉄道 各駅停車』（洋泉社ムック）、『東武野田線・新京成電鉄』（アルファベータブックス）、『異形のステーション』（交通新聞社）など。

協　力：坪内政美
　　　　田中比呂之
　　　　菅原光生

DJ鉄ぶらブックス020

廃線駅舎を歩く

2017年5月15日　初版発行

著　　者　杉崎行恭
発 行 人　江頭　誠
発 行 所　株式会社交通新聞社
　　　　　〒101-0062
　　　　　東京都千代田区神田駿河台2-3-11
　　　　　NBF御茶ノ水ビル
　　　　　☎ 03-6831-6561（編集部）
　　　　　☎ 03-6831-6622（販売部）

本文DTP　パシフィック・ウイステリア
印刷・製本　大日本印刷株式会社
　　　　　（定価はカバーに表示してあります）

©Yukiyasu Sugizaki 2017
ISBN978-4-330-78517-2

落丁・乱丁本はお取り替えいたします。
ご購入書店名を明記のうえ、
小社販売部宛に直接お送りください。
送料は小社で負担いたします。